Sanar a través de la Oración

El autor

José Argente ha estado estudiando técnicas de sanación alternativa por más de veinte años. Durante todo este tiempo miles de personas se han beneficiado a través de sus cursos y terapias complementarias a la medicina tradicional. Argente reside en Argentina, país donde continúa ejerciendo la noble tarea de asistir y educar a los demás en temas de autoayuda y sanación.

Muchos de los autores de Llewellyn tienen sitios en Internet con información y recursos adicionales. Por favor visítenos en:

http://www.llewellynespanol.com

Sanar a través de la Oración

TÉCNICAS Y EJERCICIOS PARA LA CURACIÓN ESPIRITUAL

José Argente

Llewellyn Español
Woodbury, Minnesota

PRIMERA EDICIÓN
primera impresión 2007

Coordinación y Edición: Eva Palma-Zuniga
Diseño de la Portada: Lisa Novak
Imagen de la Portada: © Brand X
Ilustraciones interiores hechas por el departamento de arte de
Llewellyn, basadas en dibujos realizados por el autor.

La información sobre este libro está en trámite en la Biblioteca del Congreso.
Library of Congress Cataloging-in-Publication Data for *Sanar a través de la Oración: Técnicas y ejercicios para la curación espiritual* is on file at the Library of Congress.

13-ISBN 978-0-7387-1078-5
10-ISBN 0-7387-1078-4

Nota: El contenido de este libro no está destinado a diagnosticar, tratar, prescribir ni sustituir las recomendaciones y cuidados de profesionales legalmente licenciados en el campo de la salud.

Llewellyn Español
Una división de Llewellyn Worldwide, Ltd.
2143 Wooddale Drive, Dep. 0-7387-1078-4
Woodbury, MN 55125, U.S.A.
www.llewellynespanol.com

Impreso en los Estados Unidos de América

Contenido

Agradecimientos . . . *xi*

Amigo/a . . . *xiii*

Prólogo . . . *xv*

Reflexiones . . . *xxv*

Capítulo I: La oración. *"Bienaventurados los que creen sin ver"* . . . *1*

La presencia . . . 1

La fe . . . 4

El valor de la oración . . . 6

Créalo, ya recibió la sanación . . . 10

Al hacer su oración, agradezca . . . 11

La oración y su poder curativo . . . 12

La acción de la oración sobre la imagen del cuerpo enfermo . . . 18

Comportamientos . . . 22

Capítulo II: El Poder de Sanar . . . 27

Historia . . . 27

Manos curativas . . . 37

¿Poder interior o divino? . . . 40

Las enfermedades psicosomáticas . . . 41

La relación cuerpo-mente . . . 45

Usa tu mente para curarte . . . 48

La inconmensurable fuerza de la fe . . . 51

La creatividad y el sanador . . . 55

Energía y sanación . . . 60

Estrés y relajación . . . 69

La glándula Timo y la energía . . . 76

Contenido

La relación revitalizadora del hombre con los árboles . . . 78
Meditación dinámica: Relajación . . . 80

Capítulo III: La Visualización . . . 85
Nutrición celular:
  Ejercicio de relajación y visualización . . . 87

Capítulo IV: El Aura . . . 91
Los cuerpos del aura . . . 92
La armonía o la enfermedad . . . 94
La polaridad . . . 97
Las energías del aura . . . 99
Criticar y juzgar . . . 102
Limpieza del aura . . . 105

Capítulo V: Los Chakras . . . 107
¿Cómo abrir los chakras? . . . 109
Una vez abiertos los chakras,
  ¿pueden volver a cerrarse? . . . 110
Los chakras mayores . . . 111

**Capítulo VI: Radiestesia y Uso
del Péndulo en la Sanación . . . 119**
Armado del péndulo . . . 124
Tipos de péndulo . . . 126
Utilización del péndulo . . . 127
Cómo determinar si la respuesta dada por
  el péndulo es positiva o negativa . . . 129
Detectar anomalías en el cuerpo humano
  con el péndulo . . . 131

Capítulo VII: Gemas y Cristales de Cuarzo . . . 133
Su utilización por las distintas culturas . . . 133

Contenido

Beneficios del cuarzo en la salud . . . 136
Cómo elegir un cristal de cuarzo . . . 137
Purificación del cristal de cuarzo . . . 138
Carga del cuarzo . . . 139
Programación del cristal de cuarzo . . . 139
La contemplación y la esfera de cristal . . . 140

Capítulo VIII: Los Ángeles y la Sanación . . . 143
El universo de los ángeles y los espíritus . . . 143
El mundo angélico . . . 146
Conceptos erróneos . . . 151
El karma en los ángeles . . . 153
La sanación energética . . . 155
Ejercicio mental para contactarse con los ángeles . . . 157
Establecer el desequilibrio áurico por
    intermedio de su ángel . . . 160
Protección antes de realizar la imposición de manos . . . 162

Capítulo IX: Formas de Sanación. . . 165
La autosanación . . . 165
Mente-cuerpo: unidad terapéutica . . . 168
La inteligencia celular . . . 170
Técnicas de autoarmonización —tres posturas— . . . 171
Visualización y autoarmonización
    con el cristal de cuarzo . . . 171
Utilización del agua energizada . . . 173
La imposición de manos . . . 174
La sanación por la imposición de las manos . . . 177
Conéctate con tu ser . . . 180
Escudo energético protector . . . 182
Sesión de sanación . . . 184
La burbuja de protección . . . 187
Apertura de los chakras de las manos . . . 187

Contenido

Descarga de energías negativas . . . 188

Cómo cargarse de energía positiva . . . 188

La bendición de las manos . . . 189

Medición de los chakras y diagnóstico
   energético por intermedio del péndulo . . . 189

Diagnóstico por imposición de manos . . . 191

Limpieza del aura del receptor . . . 193

Armonización con el cuarzo . . . 194

Sanaciones psíquicas . . . 199

Tratamientos . . . 201

Para tranquilizar a una persona . . . 201

Cómo aliviar el dolor de muelas . . . 202

Cómo aliviar el dolor de cabeza . . . 203

Eliminar virus y microbios . . . 204

Curación de un dolor fulgurante de úlcera gástrica . . . 206

Invaginación intestinal . . . 206

Tratamiento para la sinusitis . . . 207

Cómo corregir problemas pulmonares . . . 208

Cómo corregir el mal funcionamiento de los riñones . . . 211

Técnica para normalizar la tensión arterial . . . 212

Afecciones en la sangre . . . 212

Cómo mejorar afecciones en huesos,
   tendones y músculos . . . 213

Tratamiento para artrosis y artritis . . . 214

Tratamiento para dolor intervertebral . . . 215

Quiste de ovario . . . 216

Otra opción . . . 217

Nódulo en las mamas . . . 218

Displacia mamaria . . . 219

Enfocar la visión . . . 219

Cerrar una herida . . . 220

Curación de una quemadura . . . 220

Limpiar de impurezas el cuerpo . . . 221

Contenido

Corregir problemas cardíacos . . . 222
Tratamiento del nervio ciático . . . 222
Cómo calmar dolores y detener hemorragias . . . 223
Operación mental de hemorroides (Autosanación) . . . 223
Curación psíquica a distancia . . . 224
Otra forma de curación a distancia . . . 226

Bibliografía . . . 229

Agradecimientos

Nunca es el autor sólo quien escribe un libro: cuenta siempre con la valiosa colaboración de otras personas. Es por ello que estoy en deuda con aquellos que me han ayudado desinteresadamente en esta obra.

Mi profundo agradecimiento a:
(por orden alfabético)

- Profesor Pedro F. Callegari
- Dr. Jorge Raúl Olguín
- Terapeuta Harumi Puertos

Agradecimintos

- Profesora Marta Irene Villafañe
- Profesor Ernesto Andrés Zapata Icart

Sin el aporte y enseñanzas de estos honorables amigos, no hubiese sido posible la realización de este libro.

Amigo/a

La curación espiritual es tan antigua como la enfermedad misma. Siempre ha habido personas que han podido curarse o ayudar a los demás a hacerlo por cultivar y desarrollar esa capacidad propia de la especie humana.

Mucho se ha escrito sobre esto. Existen testimonios de estas curaciones tanto en el Antiguo como en el Nuevo Testamento. Si ya estás o decides iniciarte en este camino, te deseo muy buena suerte.

Que Dios te bendiga.

Con todo mi afecto,

—José Antonio Argente

Prólogo

Que el ser humano descubra y admita que posee una disposición que lo señala como un instrumento capaz de poner en marcha ciertos mecanismos espirituales y energéticos que le permiten brindar ayuda a los demás, es un privilegio que Dios ha puesto a su alcance y que no debe dejar ni de atender y ni de aplicar. El tener y atreverse a sostener esa condición que lo distingue, hace posible que se pongan en marcha mecanismos propios para dar inicio a la de quienes lo rodean o a la suya propia. Eso es ser sanador.

Durante muchos años he sido partícipe de experiencias en ese sentido sin tener una acabada conciencia de ello, por lo que dediqué a su aplicación sólo parte de mi tiempo, ya que era joven, con hijos pequeños, con obligaciones laborales a las cuales debía darle muchas horas para que me posibilitaran atender su sustento y capacitación para afrontar el futuro, yo mismo estaba en pleno crecimiento como persona, etc. Todo eso no me permitió tener el tiempo necesario para dedicarlo a hacer más por los demás.

La oración que nos contacta con Dios ha sido el más valioso y frecuente de los recursos que usé y uso, junto con la energía universal; no tengo dudas que la oración es la energía que Dios pone a nuestro alcance para llegar a Él.

A través de la oración nos convertimos en su instrumento, y tal condición me ha permitido disfrutar de una enorme compensación espiritual, especialmente a partir del momento en que incursioné en la sanación. Hacerlo proporciona una sensación de realización personal de la cual sólo uno puede disfrutar. Es un haber cumplido. Un estar en paz.

Para quienes elegimos andar por este camino, ayudar jamás será una carga que se deba soportar. Pero como en todas las cosas, el mejor resultado es el que se obtiene cuando se posee una preparación, un ordenamiento, un método. También conviene tener un cierto entrenamiento que nos haga lo más equilibrados y objetivos posibles. La serenidad que se logra después de unos pocos minutos de relajación nos permitirá concentrarnos para estar en condiciones de brindarnos con calidad a quien nos necesite. Apresurarnos, apasionarnos o involucrarnos en algún caso, no contribuye en nada, al contrario, hasta puede hacernos perder de vista la meta a la cual debemos llegar. Aún cuando se trate de hacer algo por nosotros mismos, debemos tener la capacidad suficiente para separar y observarnos con objetividad.

Raramente se suele experimentar cansancio luego de realizar una práctica. Lo habitual es sentirse más descansado y aún con mayor energía que antes de hacerla.

Quienes participamos en esto que es la oración, sentimos que la presencia de esa energía sanadora se manifiesta de manera distinta en cada uno de nosotros. En algunos es una sensación de mayor o menor temperatura corporal; en otros, una leve vibración; etc. Algo que ni nos altera ni nos sacude, pero que está ahí.

En mi caso —específicamente— me produce una sensación de seguridad: "saber sin dudar" de qué se trata, de cómo debo encarar "ese" tema para llegar a resolverlo. Sé que puedo disponer tanto de mi cuerpo cual de mi mente, ágilmente y con claridad conceptual y certeza en el enfoque. Eso me permite hacer mi oración sin dispersarme y a la vez transmitirle a quien quiero ayudar, juntamente con mi energía, una armonía equilibrante que será el motor que pondrá en marcha su sanación.

Puedo asegurarles que en la práctica y frente a la necesidad de recibir ayuda para encarar una cuestión personal o tratar de mejorar su salud, quien está sufriendo, se vuelca hacia la persona que tiene ante sí orando, con toda su esperanza. Una vez armonizado energéticamente, se establece con él una relación que, sin dudas, será tan fuerte y perdurable como la que tiene habitualmente con su propio médico, y le confiará las mismas dudas creyendo que podrá oír la respuesta que quiere escuchar, pero no siempre la oirá. Todos esperamos que se produzca un milagro: curarnos de todos los males que podremos padecer, adelgazar sin dejar de comer en exceso, aprobar un examen sin haber estudiado lo suficiente, lograr la mejor paga por nuestro trabajo, que nos quieran por lo que somos sin esforzarnos por merecerlo, recibir sin dar, etc. Y en lo profundo de nuestro ser, sabemos perfectamente que no es así lo que es justo en la vida.

La verdad es que cuando nos sentimos enfermos, lo que hay que sanar es mucho más que el cuerpo. A cuántos de nosotros nos habrá pasado que hemos ido a la consulta médica sintiéndonos realmente mal, luego salimos de ella sintiéndonos bien y cuando llegamos a nuestra casa nos damos cuenta que no nos han prescripto medicamento alguno. Hay veces en que nos hace sentir mejor el solo hecho de contarle a esa persona lo que nos pasa, al abrirnos las puertas a la tranquilidad a través de su experiencia, su bondad, la serenidad y la fe. No hemos necesitado más que eso. ¿Cómo fue que pasó? Él supo ver más allá de lo somático, descubrió lo que había detrás del relato que hicimos de alguna situación o sintomatología. Y es eso lo que debe hacer un sanador: descubrir cuáles son y dónde están los huecos, los agujeros negros de cada personalidad para proceder a rellenarlos con su propia energía; y orar si es posible con él, si no, orar por él.

La persona así tratada recuperará el equilibrio y comenzará su sanación. Podrá entonces recorrer la vida sin tropiezos, y al igual que quien viaja por una ruta recién bacheada, notará que ha mejorado su transitar.

Yo, en particular, luego de haber orado con profunda convicción, hago que mi energía actúe sobre los campos de energía de la persona que estoy tratando, que deseo ayudar, lo que en la mayoría de los casos me da la oportunidad de llegar no sólo al problema, sino a su origen. Eso me permite orientarme y tener una idea de hacia dónde dirigir esa energía sanadora, en algunos casos prescindiendo de lo que me hubiera expresado esa persona, quien por lo general cuando me lo cuenta está tan sumida en su problema, que me dificulta tener una visión objetiva. Es así como he logrado los mejores resultados.

A partir de entonces, la mente del sanador no deberá permanecer pendiente de lo que hizo. Es tarea conclusa, no necesitará pensar en su efectividad, porque él no duda ni de su tarea ni de los resultados. Sabe que Dios se encargará de ello, pero para eso, ambos deberán continuar orando y no olvidar nunca de agradecerle.

En aquellas oportunidades en que alguien llega a verme porque tiene algún problema de salud, luego de mantener una conversación para conocernos y reconocernos, cada cual en su rol, le explico —con la mayor simpleza posible— en qué consiste el proceso a llevar a cabo y le pido que me permita actuar, ya que no me parece correcto interferir en la íntima relación que mantiene con su enfermedad. Además no siempre es posible erradicar del cuerpo algunas enfermedades y el individuo debe comprender y aceptar las condiciones que le permitan convivir con su dolencia —a no ser que él esté de acuerdo en dejar que ella avance, y partir—. Una vez obtenida su venia, oramos juntos y actúo. No establezco un contacto real, físico con la persona, pero es normal que ella reciba en forma consciente la energía cósmica que fluye de mí hacia ella a través de la oración y durante el proceso de sanación.

Hay casos en los cuales las molestias desaparecen en forma inmediata y no se reiteran. Ocurre frecuentemente. En cambio en otros, la mejoría tarda algunos días en concretarse, dependiendo también de cuánto tiempo la dolencia ha estado en uno, y a veces del grado de aceptación que el individuo ponga en la tarea del sanador y de la fuerza que ponga en su propia oración. Al respecto puedo contar anécdotas, tanto propias como de amigos, sobre experiencias que tuvimos con personas de mi entorno familiar. Por ejemplo, una de ellas, al tener quemaduras producidas por aceite hirviendo en distintas partes del cuerpo, me confesó que quería probar y comprobar si experimentaba alivio recurriendo a la oración y a la imposición de las manos, pero no en todos los lugares afectados, sino sólo algunos para constatar los resultados. Las partes tratadas no le molestaron y desaparecieron sin dejar marcas, mientras que de las otras debió soportar durante varios días ardor y ampollas. En otra oportunidad mi hermano dijo tener, hacía bastante tiempo, dificultad de movimiento y dolor lacerante en uno de sus hombros. Hice lo que sé para ayudarlo a pesar de su escepticismo. No me acordé más de su caso. Transcurrieron unas semanas y un día le pregunté si continuaba su molestia y su dolor; para mi sorpresa me respondió que ni siquiera se había dado cuenta en qué momento había dejado de sentirlo.

En otra ocasión fui con mi esposa a casa de una de sus amigas que se sentía mal; era asmática y tenía además problemas cardíacos, estaba insomne y temía dormirse. Luego de hacer mi práctica habitual, no tuvimos más remedio que retirarnos de su casa cerrando nosotros mismos la puerta porque a los pocos minutos estaba serena, respirando rítmicamente y plácidamente dormida.

Quiero dejar claramente expresado que no es imprescindible la presencia de quien ha de ser sanado para que la energía actúe con todo su potencial, ya que la distancia no quita ni da. Lo que verdaderamente suma o resta es la fuerza de la oración y la fe que se ponga en su resultado. Es esta misma energía la que llevará desde el enfermo al sanador la información necesaria para que este último pueda actuar, sin importar a cuánta distancia se hallen el uno del otro. (Ver más adelante el capítulo referido a las curaciones psíquicas a distancia).

Así muchas personas han obtenido sensibles mejorías en su estado de salud, otras han detenido el avance de enfermedades crónicas y algunas más han acortado su período de convalecencia. Pero tan importante es el hecho de que juntamente con los resultados que se han dado a nivel orgánico, ha existido una concordancia en lo espiritual. El enfermo siente paz y bienestar interior que lo reconforta; el sanador, siente un regocijo porque Dios le permitió servirle.

Los cambios no sólo se revelan a nivel personal, sino también en el entorno familiar y quienes lo rodean advierten una real mejoría y un notorio incremento en el nivel de conciencia del individuo.

Todo esto ocurre porque lo primero que ha hecho el sanador para poder actuar sobre el enfermo, además de orar, es equilibrarlo energéticamente con imposición de manos, limpiando su aura y activando sus chakras, restableciéndose así la correspondencia entre los cuerpos energéticos. Este equilibrio promueve sensaciones de bienestar corporal, apaciguamiento en el carácter y consecuentemente una mejor calidad en sus percepciones, en su estado espiritual y un paulatino despertar con claridad mental hacia lo psicológico. Esto le otorgará, con la ayuda de Dios, la capacidad necesaria para comprender y aceptarse a sí mismo y a los demás.

Es aquí donde hallamos puntos de contacto entre el sanador que actúa solamente a través de la oración, con quienes agregan y practican, como yo, las técnicas que doy en este libro. Y esto con referencia a la sanación es campo abierto a la exploración: hay mucho por descubrir, por estudiar, por investigar, por comprobar.

Durante la sanación el sanador se brinda sin limitaciones. Es así que también recibe de los demás tanto como da, o más, porque aquel que sufre o ha sufrido tiene un enorme caudal de vivencias, y cuando recibe "algo" del sanador manifiesta su agradecimiento con generosidad, abriendo las puertas de su experiencia de vida en un inconsciente intento de retroalimentar su espíritu al compartirla.

De ello es que tengo valiosas premisas, las cuales quiero participar a mis amigos lectores: una es *"Hay que dar antes para recibir después"* y la otra *"Hay que creer para ver, no esperar ver para luego creer".*

—José Antonio Argente

Reflexiones

Previamente a poner en consideración de mis lectores las técnicas expuestas en "Sanar a través de la Oración", deseo hacer algunas reflexiones sobre ellas y expresarles que, si son convenientemente aplicadas, producirán en el organismo desarmonizado sobre el que se actúe, un re-acomodamiento energético que se manifestará primeramente, como un alivio para luego transformarse en una mejoría que más adelante lo podrá llevar a la sanación.

Quien se disponga a desarrollar el potencial de sus capacidades tanto mentales como energéticas, debe comprender claramente y aceptar que es sólo un hombre de fe: primordialmente un hombre que ora. No es ni un superdotado, ni Dios.

Es imprescindible que tenga la convicción absoluta en lo que está intentando, tanto en el camino que lo llevará a su objetivo como en la concreción de este mismo. Deberá decir sus oraciones y actuar con seguridad, en la certeza de que todos, sin excepción, somos capaces de mejorar nuestra calidad de vida con la ayuda de Dios, y hasta de sanarnos; uno solamente debe decidirse a hacerlo contando con una fe profunda y arrolladora, conocer y valerse de las técnicas aplicándolas sin dudar del resultado final. Todo lo demás será trabajo, trabajo y más trabajo.

Sanar y sanarse requiere de una acción constante, de una tarea sostenida, más aún cuando se trata de actuar sobre dolencias que, debido al tiempo que llevan instaladas en el organismo, o porque no han sido atendidas oportunamente, se tornaron crónicas.

Para las sanaciones, contamos con la energía cósmica universal que nuestro organismo acumula como si fuera una batería. Es esa la energía que, aplicada según las técnicas expuestas en este libro, vigorizará, reanimará y establecerá un ordenamiento en el movimiento vital del organismo desarmonizado, además de nutrirlo con las fuerzas necesarias para su recuperación.

El sanador deberá fundamentar su quehacer en el mantenimiento de una firme actitud positiva, confiando en sí mismo y desechando "sueños místicos".

Importante

No es necesario establecer contacto físico con la persona a quien se ayudará. No se debe hacer comentario alguno sobre lo que se visualiza ni sobre la causa del estado de desarmonía o de la enfermedad: debe guardarse absoluta reserva en lo referido a las observaciones.

Si la persona se halla bajo atención médica, podrá sumarle a ella la aplicación de estas técnicas, pero jamás suspender los tratamientos indicados. Será en todos los casos el facultativo quien evaluará el estado de salud de su paciente y resolverá en consecuencia.

No se debe recomendar ni recetar medicamentos de ninguna clase, ni los indicados para uso interno o externo. Es en todos los casos el médico —exclusivamente— el autorizado para emitir un diagnóstico y recetar.

—El autor

CAPÍTULO I

La Oración

"Bienaventurados los que creen sin ver"

"Existe un poder supremo lejano y que a la vez está en todas las cosas. Este poder supremo es infinito, eterno e inmutable. El hombre es una extensión de su conciencia, y está infinitamente relacionada con la existencia e inmanencia de Dios".

—WILLIAM ATKINSON

La Presencia

Cuando el hombre hace su aparición sobre la Tierra y despierta a la conciencia, intuye la presencia de algo que está por encima de él: la existencia de un *YO SUPERIOR*. Es esta

1

misma conciencia la que le permite darse cuenta y aceptar la realidad que lo rodea y en la que está inmerso.

Comprende que es parte de un todo complejo, en el que ha de convivir con seres, sustancias y elementos diferentes a él en sus condiciones y características, con los cuales necesariamente habrá de interrelacionarse para constituir un espacio en el cual todos interactuarán, resultando de este modo una existencia en la que lo real, lo aparente y lo virtual se mezclan y combinan, siendo imposible separarlas. Entiende también que no se puede trazar una línea que divida lo denso de lo sutil, lo real de lo virtual, como tampoco aceptar la existencia de lo uno sin la presencia de lo otro.

Además, con el transcurrir del tiempo el hombre aprendió que, si intenta analizar su medio, descubrirá la complejidad de todo aquello que le parece simple. Y a medida que más profundice y abarque en su búsqueda, se dará cuenta más rápidamente de lo sistematizado que está lo que lo rodea: el equilibrio funcional de la naturaleza, el cumplimiento de los ciclos en la evolución de los seres vivos y en los fenómenos naturales, las leyes que rigen el cosmos (lo macro) y los sistemas celulares o atómicos (lo micro) etc. Todo se cumple como si estuviera previa y prolijamente diagramado. Por eso, tratando de interpretar al mundo en que vive, el hombre llega a comprender que hay un guía, un creador, una presencia invisible, intangible pero perceptible por su hacer, que es quien dispone las normas o leyes que mantienen la armonía y establece el equilibrio en cada una de las partes del todo.

Se puede afirmar, entonces, que no es a través de la razón, sino de los sentimientos puros y los sentidos más sutiles que el hombre habrá de tomar conciencia de la existencia de una presencia superior. Muchas veces el camino que lo llevará a Él será largo y difícil de recorrer, pero no importa cuánto tiempo le insumirá hacerlo ni las pruebas que deberá superar, pues en su tránsito se despejarán las dudas. Logrará llegar al final y en ese momento estará frente a una puerta abierta a su luz. No habrá más dudas, negación, ni ignorancia a su respecto: ¡Dios existe! ¡Percibe su presencia!

La mayoría de las religiones a partir de sus dogmas y escritos sagrados lo sostienen en forma indiscutible, y sus profetas, santos, sabios, iluminados y estudiosos transmiten sus testimonios, los que resultan suficientemente fundamentados para que sus seguidores los acepten.

No se trata de lo que la razón o mejor dicho, de lo que solamente la razón evalúa. Frente a los sentimientos, a la elevada sensibilidad del hombre, los testimonios cobran un valor inusitado al hallar en ellos coincidencias, reiteración y resultados frente a acontecimientos que son su propia experiencia. Es en esa aceptación donde se potencia su fe, se eleva su conciencia y optimizan sus valores espirituales, acercándose al creador.

Aceptamos, porque no estamos en condiciones de discutirlo, un mundo virtual: la televisión, internet, la cinematografía de ciencia ficción, etc. Es un universo complicado. Y lo aceptamos, tal vez, porque lo vemos. Nuestros sentidos lo hacen cierto.

¿Aceptamos la obra de Dios porque somos parte de ella? ¿O dudamos que así sea y surgimos de un experimento?

Para unos será simple el hecho de aceptar, para otros no. Lo que para algunos está claro, para otros está lleno de dudas. Quienes duden, deben ser prudentes y detenerse a buscar su propia verdad, analizar, reflexionar, pedir ayuda acercándose a quienes puedan sacarlos de su incertidumbre, etc. Es decir: hacer todo cuanto sea conveniente para que su vida espiritual se apoye sobre una base firme, que lo sostenga cuando sea necesario.

Entonces, ¿por qué no tratar de encontrarla en la simplicidad? La Presencia se da en todas las cosas, ya sean pequeñas o no. Limpiar la mente de la complejidad de la tecnología, la erudición, los estudios científicos especializados, dándose a uno mismo momentos para la contemplación, la observación, la retrospección, ayudará a descubrir que la Presencia, que el creador está, sea cual sea su nombre para las distintas doctrinas filosóficas o religiones.

La Fe

Si resulta difícil para el común de la gente entender, lo inasible, lo impalpable, lo sutil del mundo que lo rodea, ¿cuánto más ha de serlo para quienes han tenido acceso al conocimiento racional, científico y tecnológico, donde todo transita por el camino de la demostración práctica, o del análisis sistemáticamente desarrollado paso a paso en cumplimiento de un plan preestablecido, hilado minuciosamente para llegar a los objetivos previstos? Que alguien pretenda explicar a través de la ciencia, bien con el conocimiento tecnológico o un intelecto materialista, la esencia, el espíritu, el alma, es impensable. También lo será comprender, admitir o aceptar la existencia de seres o entidades que, en vibración y perfección, están muy por encima de su plano de existencia.

Entonces, ¿cómo podrá explicárseles y hacerles entender la presencia del creador? ¿Dónde hallar las palabras que expresen en su exacta dimensión los sentimientos, las emociones y sensaciones que genera en uno cuando se manifiesta? ¿Comprenderán que hay un instante en el cual se produce en lo más profundo e íntimo del ser una amalgama, una unión de lo tangible con lo intangible, y que a partir de ese momento esa relación será perpetua?

¿Puede explicarse la fe? No sé, pero podría intentar hacerlo. Es una experiencia personal que cada uno vivencia interiormente y a su modo. Esta es la única manera de saber de qué se trata, cómo se siente, qué pasa en uno cuando las emociones y sensaciones que ella produce se instalan en uno placentera y pacíficamente como una bendición. Pero además, abre un sendero que en su tránsito lleva a percibir, a descubrir un mundo exterior nuevo, gracias a la conciencia expandida, al *yo* interior. Resultará de ello la valoración de elementos y acciones que anteriormente no eran tomados en cuenta. ¿Cuál es la explicación? Es que ahora se están "viendo" con el alma y los sentimientos lo que se miraba sólo con los ojos.

La fe da al hombre un estado de gracia al permitirle tomar conciencia de la presencia, de la esencia del creador. Luego, y por este mismo camino, hallará su verdadero *yo*. Posteriormente, basará su relación con sus semejantes y el mundo que lo circunda.

Todos tienen la posibilidad de manifestar la fe y a la hora de hacerlo, carecen de importancia el color de la piel, la religión, la ubicación social, intelectual, etc. Será suficiente tener voluntad para hacerlo en el momento que uno lo sienta, y continuar con esta tarea para así cimentar y afianzar esa relación desde el corazón, despojado de ocultos intereses y sin servirse de ella. Primero hay que dar. Dios dirá cuándo será el momento de recibir.

El hombre debe darse a la fe con generosidad, y el Señor estará feliz de contarlo y asistirlo como lo hace con todos sus hijos.

El valor de la Oración

Que el hombre se exprese oralmente, es decir a través de la palabra hablada, ha sido y es el medio más directo e inmediato que posee —aún desde su más tierna infancia— para comunicarse con sus semejantes. En esa fase de su vida se establecen también sus primeros vínculos con la vida espiritual, cuando se sirve del lenguaje para dirigirse a Dios orando.

Han sido los profetas, sabios, místicos o los iluminados de otrora, quienes han sabido determinar y comprender el nexo sutil que une al ser humano con lo trascendente.

Ellos tomaron para sí la ardua tarea de despertar y guiar al hombre, mostrándole el camino hacia el conocimiento y la superación para luego enseñarle cómo elevar su conciencia. De esta manera, utilizando la palabra hablada como instrumento, esclarecieron a los pueblos y los condujeron hacia la Luz.

Nos damos cuenta entonces de la importancia que la palabra adquiere según en labios de quien esté, es decir, adquiere el valor que le impone el que la utiliza.

Quienes poseen el don de poder transmitirle a sus semejantes a través del decir, su saber y su sentir; aquellos que conocen los secretos del lenguaje, su manejo y el del poder que éste tiene, hacen que en su boca, la palabra cobre vitalidad, fuerza y se convierta en un vehículo irreemplazable a la hora de comunicar emociones y sentimientos. Los pensamientos más profundos, las ideas más esclarecidas y las enseñanzas más valiosas, han sido dados a los pueblos por medio de la palabra.

Igual ocurre al intentar establecer un vínculo con el ser supremo. Desde el principio, cuando el hombre inicia su relación con Dios y levanta los primeros altares en su honor, desde su íntima soledad, se dirige a Él, expresándose en forma oral con oraciones y plegarias al principio, y luego con salmos, cantares, himnos, mantras, bhajans.La forma de expresión varía según la religión a la que se pertenezca y aún dentro de un mismo credo, las distintas circunstancias determinan diferencias: si la oración es personal, individual o se hace en ceremonias colectivas; si dichas ceremonias son privadas o públicas; si están destinadas a pedir, rogar, o agradecer las bendiciones recibidas; si se hacen previamente o luego de acontecimientos trascendentales —cosechas, guerras— movidos por la alegría o por la tristeza, etc. También están ligadas al medio cultural y a su época, pero sean cuales sean éstos, son nada más y nada menos que manifestaciones del alma humana dirigidas al creador.

De este modo el hombre formará la base sobre la cual fijará su conexión con Dios. Reconociéndolo, permitirá que la luz invada su interior expandiéndose, impregnando de amor cada uno de sus pensamientos, palabras y acciones.

El hombre debe ser en su pensar, decir y consecuentemente en su hacer, un digno hijo del creador. Dispone de su discernimiento para elegir la palabra expresada como el medio más idóneo para decir, y sabe que es ella, en forma de oración, la mejor manera de llegar al Padre. El poder de la oración es inmenso, crea la vía de comunicación entre quien ora y el Señor, quien recibirá su mensaje sin condicionamientos. Será Él quien, en su respuesta podrá concederle toda gracia, no teniendo limitación de ningún tipo para hacerlo. Será el hombre el que con la calidad de su pensar, decir y hacer humanos, ameritará que le sea concedida. Y es en ese punto, precisamente, donde la fe tiene mayor validez.

Orar con convicción apaciguará las emociones, aquietará los sentidos, restablecerá el equilibrio en los apasionamientos, ayudará a recobrar la calma y a esclarecer la mente.

Así se limpiará el aura y se nivelarán los valores que otorgan armonía al funcionamiento del cuerpo orgánico. Todo esto puede producirse cuando el orar se hace con fe. Uno verá cómo eso trasciende más allá de sí mismo, se verá reflejado, por lo menos, en el entorno inmediato.

Será necesario poner devoción y aplicación al orar, hacerlo con pureza de sentimientos, ser perseverante y tener bien en claro los objetivos a conseguir.

Quien hace del orar una práctica cotidiana pero no obsesiva, ferviente pero desapasionada, con alegría y gratificándose, prontamente notará las bondades de la oración. El hacerlo con sinceridad también allanará el camino para que Dios le otorgue su gracia.

La práctica de la oración es capaz de producir efectos en el cuerpo físico del hombre, su parte más densa. Numerosos sanadores —aquellos que son instrumentos de sanación—, religiosos ya ordenados, laicos, devotos y anteriormente, santos y profetas, han dado y dan testimonio de haber obtenido resultados más allá del marco de las explicaciones simples, netamente científicas o puramente racionalistas.

Esos testimonios de efectos visibles o tangibles también constan en las Sagradas Escrituras Cristianas, valiosísimos no sólo desde ese punto de vista, sino desde lo documental.

Dijo Jesús respecto de la eficacia de la oración . . . *"Pedid y os será otorgado. Buscad y hallareis. Llamad y se os abrirá. Pues todo el que pide alcanza y el que busca halla y al que llama se le abre"*.

Más allá de las diferencias y matices que presentan al hombre con distinta filiación, orar es el camino a través del cual logrará expandir su conciencia, elevarse y superar toda limitación. Alcanzar esa condición de fe le permitirá gozar de dones que podrá recibir sólo por obra y gracia del Creador.

Créalo, ya recibió la sanación

El resultado de la oración para la curación no se da de una manera, ni en un plazo preestablecido: puede aparecer de pronto, de un día para el otro, o requerir de un lapso de tiempo para manifestarse como una mejoría que va incrementándose paulatinamente, hasta llegar a concretarse, finalmente, la curación.

En su accionar, la oración es capaz de lograr la recuperación del cuerpo orgánico al favorecer el funcionamiento armónico de cada una de sus partes constitutivas; contribuir en la regeneración de algunas funciones, de tejidos, etc., por el efecto directo de las energías sanadoras y/o establecer un balance en los valores biológicos y bioquímicos que determinan el estado de salud.

Si su ruego, su oración, es planteada correctamente y sin dudas, obtendrá el resultado buscado. Cuando se ora con convicción, dirigiéndole la súplica a Dios y sintiendo que se puede ser alcanzado por su bendición en aquello que uno desea, ya, sin dilaciones, créalo concedido y agradézcalo en la seguridad de que *"ya lo recibió"*. Entonces verá cómo todo en el mundo que lo rodea se reacomoda y adecua para brindarle las condiciones necesarias, orientado al cumplimiento del objetivo de su oración.

En el período que media entre que usted lo pidió y la efectiva concreción de su petición, es posible que continúen desarrollándose sucesos que depriman sus expectativas, especialmente en lo anímico, pero no tema ni decaiga. No se deje ganar por las apariencias: finalmente servirán para fortalecerlo, pues estriba en la firmeza de su confianza lo que "con seguridad se realizará".

Cuando se ora por la curación, se debe hacer en la certeza absoluta de que "ya" se ha producido. Y en esa fe, se producirá. Hágalo con alegría, en la seguridad de estar transitando el camino correcto que lo llevará a recuperar la salud. Y como siempre, no deje de agradecérselo a Dios.

Al hacer su oración, agradezca

Tenga una actitud de generosa confianza en usted mismo. No espere a ver primeramente los resultados positivos de su oración para creer en su poder, y luego agradecer. El poder intrínseco de la oración no sólo requiere de fe, sino de su propia fuerza y convicción. Crea y agradezca previamente, así le será dada la oportunidad de ver.

Quien trata de obtener su curación y entra en una actitud especulativa haciendo una reserva de su gratitud para después de constatar la efectividad de su oración a través de los resultados obtenidos, no está actuando con fe, está trabando su propia curación con sus dudas y su inseguridad. Es una actitud tal vez demasiado racional, propia de quien antepone el intelecto a su espiritualidad. Sin embargo, por esta misma razón y por su educación, seguramente agradece en forma habitual a los demás por servicios que aún no ha recibido, demostrando así mayor confianza en los otros que en su capacidad para ejercer el poder curativo que posee.

Desde el mismo momento en que se formula la oración de la curación, ya es la curación. Por eso cuando ore, agradezca. En la oración debe estar implícito el agradecimiento, porque en ella también está su recepción.

La oración y su poder curativo

Desde tiempos inmemoriales la oración ha sido una manera de expresar la fe ejercida por los hombres, sin distinción de credos. En ella, y para invocar a sus dioses, adoptaron las más variadas formas adaptándola a los hábitos de cada cultura, según las necesidades de sus integrantes y en concordancia con las respuestas que han creído recibir de ellos.

Originariamente las expresiones de la fe estaban ligadas a los fenómenos de la Naturaleza, tanto en sus deidades como en sus objetivos. Rogaban a y por lluvias para los frutos de la Tierra, pedían protección ante lo que consideraban castigos por sus desbordes.

Con la evolución, el ser humano descubrió que poseía su propio espíritu y comenzó a prestarle atención a su alma. Se fue organizando alrededor de seres iluminados, siguiéndolos primero, luego en religiones y más tarde, algunos más racionalistas, eligieron ser guiados por sus propias convicciones intelectuales.

Pero siempre hay un factor común que es su forma de expresión: la oración.

En tiempos pasados, la oración surgida como la voz del alma de profetas, sabios, eruditos, hombres santos —u otros no tan santos— que supieron expresar el sentir y el pensar de sus semejantes convirtiéndolos en sus seguidores, conformó estructuras religiosas de las que era difícil apartarse. Aún hoy, las conservan aquellas religiones que son más ortodoxas en su organización. Su manera de orar a veces hacía más hincapié en la repetición monótona de fórmulas que en la expresión de la verdadera intención de quien rezaba, por lo cual no siempre atendían su necesidad. Hoy día vivimos un proceso de renovación o acercamiento de las religiones hacia el hombre, lo que revaloriza a la oración como expresión del ser humano, posibilitando que su práctica contribuya a estimular una expansión de su propia conciencia y a propiciar el logro de metas específicas para un mejor vivir en sociedad.

Es válido dejar bien en claro que cada ser humano debe orar a su manera, expresándose con su voz o silenciosamente, donde se encuentre: en su intimidad o en lugares destinados al culto, solo o colectivamente, siguiendo un rito o dando rienda suelta a la expresión de su propio sentir y pensar, pero haciéndolo siempre con convicción y gratitud por lo que le será otorgado.

También en el campo de la curación, la oración se ha visto renovada. No es usada solamente para pedir, en forma abstracta. Quien ora hoy por una sanación, refuerza la expresión de su deseo en la fe, con la visualización, agrupándose con otras personas bien intencionadas dirigiendo sus energías sumadas, rogando en pos de un objetivo en común.

La curación de enfermedades es entre las propiedades atribuidas a la oración, una de las que suscita mayor interés.

A la hora de evaluar la eficacia de la oración, dicen los estudiosos, es comparativamente más fácil hacerlo en el campo de la salud que en otros, ya que se realiza a través del seguimiento de un tratamiento médico, lo cual da una base cierta a su valuación.

Apartándonos de los efectos derivados de la oración que se hace en la consecución de una finalidad predeterminada, la práctica de la oración en forma habitual encierra en sí misma condiciones que contribuyen en el mantenimiento de un estado saludable.

Cuando los médicos realizan estudios a quienes en el diario vivir han destinado parte del tiempo a atender su mundo interior en la intimidad, a la contemplación, a la oración, a la meditación, notan el efecto que esto ha tenido sobre el organismo. Por lo general, son personas más receptivas de los consejos médicos porque tienen capacidad para escucharlos y elaborarlos; son pacientes más tranquilos, lo que se expresa en la lectura de los ritmos respiratorio y cardíaco; están acostumbrados a permanecer en quietud, con los músculos de su cuerpo relajados.

Y aquí viene a cuento una experiencia: habiendo tenido, una persona muy cercana a mí, una descompensación en sus valores vitales producto de presiones laborales con el agregado de una patología del oído medio, debió ser sometida a numerosos exámenes médicos para determinar la exactitud de su diagnóstico previamente realizado. Llegado el momento en que comenzaron los estudios del neurólogo —que estrenaba en esa oportunidad un aparato para efectuar mapeo cerebral— escuché que, posteriormente a haberle solicitado al paciente que tratara de relajarse, expresaba con asombro: ¡qué Alfa, señora, qué Alfa! Para quien no lo sabe, Alfa es un estado que se expresa cuando la medición de la frecuencia cerebral está por debajo de los catorce ciclos por segundo, lo que indica que se está frente a un profundo estado de relajación, en ese caso, resultado de una larga práctica. Es decir, la práctica de la relajación provoca disminución en la frecuencia cerebral, y es mensurable.

También la reducción del lactado en la sangre y el incremento de la resistencia eléctrica de la piel demuestran el poder ansiolítico de la oración profunda. Esto hace que cada vez sean más las personas que la emplean en psicoterapias por su efecto colateral, separadamente de la respuesta que pueda brindarle la oración en sí, para su salud.

En la medicina holística, la meditación terapéutica va ganando un lugar cada vez más preciado.

Son numerosos los denominados milagros de curación explicitados en personas que profesan distintos cultos, y que de alguna manera están ligados a la oración, y de ellos han llevado registro organismos como el Bureau Medical de Lourdes. No se pueden ignorar las inexplicables sanaciones que se han producido en el Santuario de Nuestra Señora de Lourdes (Francia), en personas con enfermedades del más diverso origen, más allá de las leyes médicas y biológicas y que han sido reconocidas por la Iglesia Católica, avaladas por una cuidadosa investigación debidamente documentada.

También ha habido estudiosos que, sin estar directamente vinculados a organizaciones religiosas, se han interesado en el efecto terapéutico de la oración y sobre su eficacia en los tratamientos de algunas enfermedades.

Uno de ellos fue el cardiólogo norteamericano Dr. Randolph Byrd, de la Universidad de California, quien en un estudio publicado en los años ochenta, sostiene entre otras cosas que, aunque el paciente no ore, si otros lo hacen por él, igualmente podrá recibir su efecto terapéutico. Realizó sus investigaciones sobre trescientos noventa y tres pacientes admitidos en la unidad de cuidados coronarios del Hospital General de San Francisco, a los que separó en dos grupos: ciento noventa y dos de ellos fueron encomendados a un grupo de plegaria, cuyos integrantes eran voluntarios pertenecientes a distintas religiones, vivían en diferentes localidades, rezaban en forma diaria sin indicaciones previas, cada uno en su casa, pidiendo por la salud de entre cinco y siete personas a quienes individualizaban por sus nombres y cuyas patologías conocían. A los doscientos un pacientes restantes, se los utilizó como grupo de control y no contaron con las oraciones del grupo de plegaria.

Tanto en su diseño como en su desarrollo, el experimento estuvo sometido a los rígidos controles científicos

de práctica en estos casos. Quienes participaron de él —
tanto el equipo de médicos como los pacientes— ignora-
ban estar formando parte de un experimento. Una vez concluido el mismo y evaluada la evolución de los pacientes, se
encontraron sustanciales diferencias entre quienes habían
recibido las oraciones y quienes no.

• Los ciento noventa y dos pacientes por quienes se oró
tuvieron un requerimiento de antibióticos cinco veces
menor que aquellos por los cuales no se oró.

• Tampoco desarrollaron edema pulmonar en la misma
proporción: Aquellos por quienes se rezó lo hicieron
tres veces menos que los otros.

• Doce de los doscientos un pacientes por quienes no se
rezó, debieron ser sometidos a un entubamiento en-
dotraqueal para proporcionarle ventilación artificial-
mente, pero ninguno de los otros ciento noventa y dos
lo necesitó.

Además, hay otro dato interesante: la distancia no parece
ser algo que intervenga en la eficacia terapéutica de la oración al momento de evaluar sus resultados.

De esto debe resultar una enseñanza para cuando la
salud de uno deba enfrentar situaciones difíciles: *A Dios
rogando y con el mazo dando*, dice la sabiduría popular. Se
debe luchar contra las enfermedades con todos los medios y adelantos de que dispone la ciencia, pero al mismo
tiempo, pedir y confiar en obtener la ayuda de Dios por

medio de la oración, tanto del enfermo, como de sus amigos y familiares.

Finalmente invito al lector a reflexionar sobre lo siguiente: Si los resultados obtenidos en el experimento del Dr. Byrd se hubieran referido a la eficacia en la aplicación de un tratamiento farmacológico, habrían sido aceptados inmediatamente, sin mayor cuestionamiento tal vez. ¿Por qué no ha de suceder lo mismo cuando se trata de la oración? Rezar, meditar, permanecer en la quietud física y activar el pensamiento elevándolo a Dios, ayudará al bienestar tanto del cuerpo como de la mente y el espíritu del individuo, se halle enfermo o sano.

La acción de la oración sobre la imagen del cuerpo enfermo

Con referencia a la enfermedad hay quienes sostienen que el cuerpo es lo que de la mente resulte, queriendo expresar con ello que, mientras uno piense que su cuerpo está enfermo, así permanecerá.

Suponiendo que así fuera. . . ¿Será posible revertir este estado? Podemos responder que si el enfermo se deshace de la imagen de su cuerpo enfermo, podrá lograr en sí mismo los cambios necesarios para retomar el camino hacia la salud.

Para iniciarlo, lo primero que debe aprender es a relajarse. Luego, creará una línea de contacto con el Poder Divino que le brinde la seguridad que da el sentirse envuelto por la perfección del Creador y entonces podrá recrear una nueva imagen de su cuerpo, sano.

Seguramente en los primeros intentos se manifestarán algunas dificultades que habrá que superar, tales como pensamientos que distraerán la atención puesta en la imagen de la curación, interrupciones en la concentración necesaria para lograrla; otras veces sentirá que lo invaden el temor, el desánimo, la inseguridad y la duda que lo conducirá al descreimiento, etc. Si bien es natural que esto ocurra al principio y que ideas negativas lo lleven a pensar solamente en las dificultades del caso, no siempre será así.

Verá cómo, con la práctica, la oración le permitirá borrar de su mente la imagen del órgano enfermo y la idea de que su enfermedad es incurable.

Entonces no habrá razón alguna para que dude del suficiente poder de curación que tiene su oración.

Cuando sienta que alguna fuerza negativa resurge, ore; cuando necesite serenidad y claridad de pensamiento para afrontar las dificultades, ore. No se deje vencer por los obstáculos. Insista sostenidamente para que su mente dé forma a la imagen de la curación, visualícela, manténgala. Luego tómese un descanso antes de recrear otra vez la imagen de la persona ya curada, sana, vital, sea quien fuere, usted mismo u otra a quien ofrece su ayuda. Agradézcale a Dios y nuevamente, descanse.

Conseguirá así que su oración sea cada vez más ferviente, más definida en su intención y mejor orientada a su objetivo: cumplirlo no le insumirá esfuerzo alguno si permite que la plegaria se integre a su persona. Piense que la oración hecha con Fe es un riego de nutrientes saludables para el cuerpo en sanación y que no es el pedir en sí lo que llevará a alcanzar el objetivo, sino la profunda Fe que se pone al pedir. Será la "no duda" el mejor camino para recuperar la salud.

Mientras que sus oraciones se nutran en la fe, lo mantendrán apartado de la preocupación, la ansiedad, la tensión o el desaliento que son algunas de las razones que pueden apartarlo de su meta. Para fortalecerse es conveniente acudir una vez más a la oración y pedir, siempre pedir. Haciéndolo se creará la propia convicción de que se ha de recibir la respuesta esperada.

Como dicen que "lo que abunda no daña", vuelvo a dejar en claro que el resultado se dará solamente cuando el pedir se haga con fe, porque es ella la que borra de la mente los estados o pensamientos negativos. Es menester continuar orando y mentalizándose hasta sentir la seguridad de llegar a la meta preestablecida. Y sin dudas, así será.

Entonces, agradecido, podrá dar fin a su ruego, en la seguridad de que ha sido oído y atendido. Experimentará una increíble sensación mezcla de gozo y alivio: se ha abierto en su vida una ventana a la luz.

Pero sean cuales fueren los resultados visibles e inmediatos, no se aparte de los consejos de su médico. Es posible que en su apariencia, todo siga igual: que el dolor no haya desaparecido aún, que el organismo continúe dando muestras de enfermedad y por ende se prosiga con el plan de atención clínica o quirúrgica que debe ser acatado y cumplido sin discusión. Pero mientras tanto y al mismo tiempo, permítase que también se manifieste su verdad interior de armonía, curación y salud que, a partir de su subconsciente se está realizando en su cuerpo y que finalmente aflorará. Como en este caso se trata del mundo del espíritu, y en él, en todo batallar del bien contra el mal, éste será derrotado, resultará que se reacomodarán los valores vitales, la enfermedad entrará en marcado retroceso y usted también podrá afirmar que, en tanto que uno piense que su cuerpo está sano, así será, porque el cuerpo es lo que de la mente resulte.

A continuación, un testimonio de una mujer cuyo esposo se benefició por la oración: En oportunidad de hallarse hospitalizado mi esposo en el sector de cuidados intensivos por una infección instalada en su organismo, una septicemia que lo había llevado a un estado de coma grado cuatro, y mientras yo oraba, sentí la necesidad de pedirle al resto de nuestros familiares que, en unión, eleváramos nuestros pensamientos a Dios con toda nuestra fuerza y, ante la viva presencia de Él, oráramos. Lo hicimos por largo rato y en profundo silencio. Pudimos percibir su presencia sin ninguna duda, escuchándonos en nuestras súplicas, implorando por alivio y curación para ese ser que sufría tanto y también para que le diera paz a su espíritu.

Nos retiramos del lugar agradecidos aceptando su voluntad, convencidos de que Dios obraría atendiendo nuestros ruegos. Dos días después nos comunicaron que mi esposo saldría del sector de terapia intensiva, y de allí fue mejorando paulatinamente. Una semana después, le otorgaron el alta médica.

Sé que Dios estará siempre a nuestro lado como lo estuvo entonces. Es necesario que mantengamos nuestra fe y la aumentemos, aún más, en la adversidad.

No debemos olvidar que hay un tiempo para cada cosa. Hay un tiempo de dar, y otro de recibir. Pero en ambos hay un tiempo para agradecer. Y ese tiempo es de Dios.

Oración

Dios único y todopoderoso, dueño de nuestros tiempos y
de nuestras vidas, luz que ilumina a nuestros caminos,
en ti confío plenamente y mi oración incansable, siempre es-
cuchada pidiéndote que guíes mis pasos para resolver
los problemas, pues solos no podemos. Aprendamos a
dejar en sus manos todo, y Él obrará.
Dios rico en misericordia, en amor,
siempre nos tenderá su mano.

—ANA MARÍA

Comportamientos

Antiguamente los maestros o guías establecían rígidas reglas de conducta a quienes aspiraran a iniciarse en los misterios del ser, requiriendo de ellos el respeto y la observancia de determinados códigos.

Esta visión de la vida, formaba parte de las estrictas prácticas tanto filosóficas como religiosas que en muchos casos aún permanecen vigentes. Su observancia tenía —y aún conserva— la finalidad de que el individuo, mediante su práctica conciente, llegara al autodominio para que, una vez desarrolladas sus facultades, alcanzara elevados estados de conciencia y que tanto sus sentimientos como sus pensamientos, pudiera expresarlos en su accionar volcándolos en obras.

Hoy día, los adelantos a que arribaron los científicos y técnicos especialmente dedicados a la medicina, permiten que haya una mayor comprensión de los objetivos que se perseguían mediante esa metodología al poderse comprobar los cambios o modificaciones que se producen en el cuerpo físico, como acción refleja o como respuesta capaz de ser verificada, en concordancia con los estados de ánimo, conductas y sentimientos.

La importancia de elevar los pensamientos y sentimientos está en que ellos incidirán en las expresiones del ser humano, tanto en lo que dice como en lo que realiza, mejorando su propia condición.

La ley de causa y efecto expresa: *"corrige la causa y remediarás el efecto"*.

¿Cuántas veces uno habrá repetido las mismas acciones erróneas que desea corregir? Muchas, muchísimas veces. Pero llega un momento en que se toma conciencia de que así no es, que hay algo que está en uno mismo, que debe ser cambiado.

Cierta vez, una joven muchacha lloraba desconsoladamente frente a su mejor amiga, culpando a los demás por sus reiterados fracasos sentimentales. Luego de consolarla y lograr que se calmara, la amiga la invitó a reflexionar: si el fracaso siempre se daba en ella, ¿la falla no estaría en sus propias actitudes? ¿No sería que en sus relaciones repetía una y otra vez los mismos errores? Y así fue. Cuando después de algún tiempo recompuso su vida afectiva, se cuidó muy bien de no caer en su propia trampa y modificó sus puntos de vista. Eso le permitió gestar una relación estable y duradera. Muy poca gente tiene el privilegio y la capacidad para llegar victoriosa en el primer intento. A la mayoría le cuesta un gran esfuerzo y debe superar muchos fracasos. Pero analizarlos, admitir las fallas, darse cuenta que uno debe cambiar en las actitudes y en las formas, constituye un avance. Lo demás será decidir que ese será un punto de inflexión en la vida y estar dispuesto a trabajar duramente para producir el cambio.

Como para todo, también se necesita tiempo para cambiar, tiempo de reflexión, de observación, de introspección. Tiempo para recomponer una armoniosa relación con uno mismo, con quienes pertenecen al entorno afectivo, laboral, comunitario y sobre todo, con Dios. Será preciso recurrir a Él antes que a otros, en búsqueda de ayuda y de perdón y a los afectos para tener apoyo y contención. Será el momento de comenzar a rearmar un nuevo ser de cuyas bondades todos gozarán.

El hombre nuevo necesitará perdonar y ser perdonado, desterrando de su corazón las ofensas, el rencor, la ira y todos los sentimientos que contrapesen a la elevación de su espíritu, procurando retomar la práctica de acciones de valioso contenido que lo conduzcan a dar con generosidad y a recibir con humildad, regocijándose con ello, para alegría de Dios.

No estará de más entonces, transcribir la oración de San Francisco de Asís que revela esos sentimientos:

La Oración

Señor haz de mí un instrumento de tu Paz
Que donde haya odio, yo siembre amor;
Donde haya ofensa, yo ponga perdón;
Donde haya duda, yo ponga fe;
Donde haya error, yo ponga tu verdad;
Donde haya discordia, yo ponga unión:
Donde haya desesperación, yo ponga esperanza:
Donde haya tinieblas, yo ponga tu Luz.
Concédeme Señor la gracia de no buscar tanto:
Ser comprendido, como comprender,
Ser consolado,como consolar,
Ser amado, como amar
Porque dando es como recibimos
Perdonando es como perdonamos
Y muriendo en ti es como nacemos a
La vida eterna.

CAPÍTULO II

El Poder de Sanar

Historia

En la historia, tradiciones y leyendas de los pueblos de cada una de las razas humanas se encuentran manifestaciones que permiten afirmar que en todo tiempo existió, en el tratamiento de las enfermedades y de los enfermos, alguna práctica que podría denominarse oculta.

Las bases filosóficas de las teorías médicas de nuestros antepasados están, sin ninguna duda, entroncadas en la magia.

Los brujos tribales, los sacerdotes de los cultos antiguos y los magos se atribuían a sí mismos poderes devenidos de las deidades que adoraban y se valían de los resultados obtenidos en el tratamiento de las enfermedades como pruebas positivas de la verdad de su religión.

Así como en la magia el enfermo esperaba recibir su curación, también creían que de ella podían recibir la enfermedad. Actualmente, es ampliamente admitido que esas "maldiciones, brujerías y hechizos" fueron altamente efectivas. El individuo que se considera a sí mismo maldito, embrujado o hechizado, es invadido por el terror que corroe sus defensas psicológicas y energéticas, su voluntad de luchar, y permite así que las enfermedades psicofísicas se instalen en su cuerpo.

En otras comunidades, los antiguos sacerdotes daban al hombre la interpretación de una unidad —cuerpo y alma— y consideraban su atención integral basándose en la presunción de que la curación del alma devendría, en algunos casos, en la salud física.

Los griegos dejaron signos de que aceptaban la creencia de aquellas épocas, de que tanto en la aparición como en la cura de las enfermedades, lo extraterreno, lo sobrenatural era causa concurrente y en tal sentido hicieron su aporte al arte de curar.

Los romanos llevaron desde Egipto y de Caldea ungüentos y amuletos e hicieron algunos adelantos en cirugía a partir y como resultado de su participación en las guerras.

También utilizaban preparados analgésicos y lograban efectos anestésicos en base a hierbas y flores que, sumados a factores de inducción, provocaban una suerte de sueño amnésico, logrando así el alivio del dolor.

Otras comunidades basaban sus curaciones en la denominada "teoría de la semejanza" entre las manifestaciones de las enfermedades y los elementos similares que hallaban en la naturaleza.

Como ejemplo de ello bastará con relatarles que con pastas preparadas en base a hojas moteadas cubrían la piel manchada, convencidos de que en la naturaleza misma estaban los elementos que permitían salvaguardar la salud.

Como quedó expresado en párrafos anteriores, los sacerdotes, hechiceros, decían mantener un directo contacto con las divinidades de la curación. Así ocurría en las antigua Grecia, Tibet y Egipto.

En esta última civilización, los sacerdotes habían desarrollado además, técnicas curativas de firme base pre-científica dados los importantes conocimientos que lograron en anatomía y fisiología. Luego llegaron los primeros cristianos, quienes al igual que lo hicieran sus predecesores, los hebreos, recurrían a Dios rogando su curación, pues también compartían la creencia de que las enfermedades eran "espíritus malignos".

Los cristianos agregaban a la oración el uso de aceites sagrados con que eran untados los enfermos, en nombre del Señor.

Recurrieron a la oración para soportar terribles dolores sólo con el poder de su mente —mártires— templando así su alma y reciclando la energía de su cuerpo para sobrellevar el sufrimiento.

Con el transcurrir del tiempo, el cristianismo se fue extendiendo y comenzó a ser abrazado por paganos que abandonaban el culto a sus dioses, a veces totalmente, y otras, conservando antiguas prácticas, lo que produjo algún debilitamiento en la religión cristiana.

En algunos territorios en que sus autoridades condenaban a los cultores de antiguas religiones paganas, sus sacerdotes se vieron obligados a ocultarse bajo la apariencia de cristianos ortodoxos para poder continuar ejerciendo sus actividades de *curadores.*

Más tarde, y debido a que atendían a los pobres y menesterosos, se les permitió seguir en sus prácticas, siempre y cuando guardaran las apariencias en el aspecto religioso, pudiendo así continuar dando alivio a los enfermos.

Paulatinamente la curación ocultista fue diluyéndose al tomar fuerza la fe organizada.

En Gran Bretaña, alrededor de los años 1500, la gente acudía con gran fe a los pozos de aguas que se decía, poseían propiedades curativas. Originariamente, estas costumbres correspondían a cultos paganos, pero luego los cristianos levantaron en esos mismos lugares, altares o capillas, las que posteriormente fueron destruidas.

En esta misma época aparece la imprenta, y se produce la divulgación de conocimientos que anteriormente no estaban más que al alcance de los poderosos o sus protegidos.

A mediados del siglo XVI, el arte de curar pasó a estar en manos del *Colegio de Cirujanos* por disposición del parlamento. De esta manera quedaron fuera de la ley los curanderos naturistas —los curanderos de pequeños poblados—, las "brujas blancas", los curanderos legos, videntes, etc. Poco tiempo después, como ocurriera anteriormente en otros lugares, se vieron obligados a modificar estas disposiciones parlamentarias, ya que los pobres quedaban sin ser atendidos en su enfermedad y reclamaron por las personas honestas que con conocimientos prácticos, fe, habilidad y amor al prójimo, aliviaban en su dolor a sus vecinos.

En los demás países de la Europa medieval los curadores psíquicos, los curadores por la fe pertenecientes a cultos sectarios, fueron arrestados, torturados y hasta quemados vivos, debido a la firme hostilidad manifestada por la profesión médica ortodoxa.

Queda claro entonces que es en esta época que, con la aparición de la imprenta, entre otras razones, comienza el desarrollo y la evolución de la medicina como ciencia.

No obstante debe reconocerse que al principio, tanto la medicina como la farmacopea conservaban elementos de la astrología, la adivinación, la magia y aun de la brujería. Recurrían también a la utilización de la música para la curación de algunos males físicos (gota, ciática, etc).

Para preservar la salud, consideraban elemental mantener el equilibrio humoral. Sostenían que si éste desaparecía o se resentía, aparecía la enfermedad.

La medicina en el siglo XVI revitalizaba la teoría de los sacerdotes de la antigüedad referidos a la existencia de un espíritu que habitaba el cuerpo tangible del individuo.

Este espíritu o alma tenía expresiones que controlaban los sentidos, tenía influencia sobre las facultades mentales (razonamiento, imaginación, memoria, etc.), la respiración y otras funciones fisiológicas.

Haciendo base en ello, los primeros médicos hacían uso en sus trabajos de la *autosugestión*, en nítida relación con la llamada *"magia blanca"* por sus antecesores, los curanderos de la antigüedad.

Paracelso sostenía que, previamente a la aparición de la medicina, los doctores eran denominados *"magos"*, que las numerosas cosas que les fueron reveladas pasaron a la gente común por transmisión verbal, por lo que muchas de ellas se fueron perdiendo o tergiversando. Afirmaba, además que "lo similar cura a lo similar" y que "hay veneno en todo y nada es veneno". "Es la dosis lo que convierte en veneno o en remedio". Esos son los principios en los que más tarde se asentó la homeopatía.

También en el siglo XVI, por otros medios se realizaban esfuerzos tratando de prolongar la vida humana. Los viajes del descubrimiento del Nuevo Mundo, los nuevos territorios inexplorados reverdecieron la ilusión de llegar a "La fuente de Juvencia"

En la Europa de los años 1600 los alquimistas elaboraban elixires que —se creía— podrían brindar longevidad casi indefinidamente. Estos preparados eran de elevado costo, por lo cual no estaban al alcance de la generalidad de la gente. Ello propició la aparición de charlatanes y falsos alquimistas que ponían al alcance de las manos pudientes elixires de dudoso efecto.

La medicina alquimista tenía un sistema básico de equivalencias que, posiblemente, derivaba del que en la antigüedad usaban ocultistas y curanderos, para quienes existía una correspondencia entre las estrellas, los metales, los colores, las piedras preciosas, con distintas partes del cuerpo humano.

En Egipto y en la India, los maestros de la antigua sabiduría difundían la creencia en las propiedades preventivas y curativas de las piedras preciosas, a las que atribuían distintos poderes. La protección que según ellos brindaba contra las enfermedades difería de la utilización de la misma piedra como talismán. En el primero de los casos —uso medicinal— la piedra era molida hasta pulverizarla, se mezclaba con el agua y se bebía. En el segundo —uso como talismán— se llevaba consigo para que actuara frente a agentes exteriores. El hecho de tocar y ver la piedra tranquilizaba las mentes y reducía los temores, haciendo así menos vulnerables a los débiles.

Lo cierto es que las piedras preciosas ejercen sobre la mente de quienes las llevan ciertos efectos que, tal vez, tengan relación con la afinidad o antipatía que pudiera establecerse entre la gema y su portador.

El cristianismo realizó una nueva clasificación de las piedras preciosas, relacionándolas con los apóstoles y atribuyéndole a cada una, un aspecto emocional.

También los metales eran llevados como amuletos y talismanes, pues tenían atributos curativos y preventivos.

Los talismanes tenían una correlación con los planetas, sus signos y colores. Fueron usados para la atracción de la salud y para lograr buenos resultados en negocios, viajes, asuntos amorosos, etc.

A los talismanes se les atribuía poderes contra el mal y protegían a quienes los usaban. Guardaban relación con la fecha de nacimiento y tenían inscriptos símbolos mágicos dirigidos a los dioses. Más tarde, la Inquisición actuó reglamentando los símbolos e inscripciones de los amuletos que portaban los cristianos, permitiendo solamente el uso del signo de la cruz y frases bíblicas y prescindiendo de toda superstición y rito durante su preparación.

En el transcurso de los siglos XVI y XVII, la mayor disponibilidad de textos referidos a la magia permitió la instrucción de algunos sacerdotes, quienes pusieron especial cuidado en no violar determinadas reglas, por lo cual no fueron molestados por las autoridades de la época. Por otra parte, actuaban convencidos de que su fe santificaba sus acciones.

La posterior divulgación de los manuales de magia llamados "grimorios", los puso a la mano de individuos que solamente buscaban calmar sus ambiciones personales o una curiosidad superficial que le permitiera manejar situaciones y ceremonias esotéricas. Estos "magos" ceremoniales no hicieron aportes de valor a la curación psíquica, sólo actualizaron rituales insustanciales que, por su falta de profundidad, les impidió comprender que el poder de los elementos —por ejemplo una vara mágica— no es otro que la prolongación del poder de quien lo porta. Ni que en el fondo de cada ritual mágico había un trabajo de efectiva voluntad, de fe, de imaginación. Generaciones posteriores, sin apartarse de las tradiciones pero comprendiendo la conveniencia de estrechar esfuerzos en torno de la preservación de la vida humana, se orientaron al arte de curar, haciendo uso primordialmente del poder de la mente.

En los siglos que siguieron —XVIII y XIX—, hombres y mujeres del continente europeo, entre ellos curadores psíquicos, tomaron conciencia de que para poder tener ascendiente sobre pacientes que creían firmemente en la magia, era imprescindible aportar un enfoque mágico en la etapa inicial del tratamiento, por lo cual lo incluían en sus prácticas, además de la elaboración y utilización de medicinas de origen botánico en cuya preparación demostraron poseer verdaderos conocimientos.

Estos curanderos aparecieron en un período en que la profesión médica no atesoraba grandes conocimientos, los que además solamente estaban al alcance de las personas pudientes o familias acomodadas. Eran, estos curanderos, los últimos exponentes de una clase muy antigua de curadores psíquicos y conservaban técnicas de gran interés para los estudiantes modernos de medicina. Hábiles en la utilización de terapias herborísticas, como primera medida, encaminaban sus tratamientos a restaurar el equilibrio en la mente de sus pacientes, tranquilizándolos, aun ante la falla de sus preparados o infusiones.

Por medio de diversos subterfugios lograban incursionar en el mundo de la persona enferma. Debilitadas sus resistencias emocionales, lograban comenzar prontamente la recuperación a partir de una terapia de shock.

Los curanderos de pueblo sabían perfectamente que lo que realizaban no eran simples actos de magia, sino técnicas capaces de devolver a sus pacientes una estabilidad emocional o mental que los llevaría a lograr un estado de salud.

Situaciones similares se vivieron en América del Norte, donde famosas curanderas ejercían sus condiciones de comadronas, herboristas, con gran aceptación. La mayor parte de sus remedios caseros evidenciaba un gran sentido común en su composición.

Para lograr buenos resultados en la adaptación de sus técnicas, era condición "sine qua non" que el enfermo estuviera firmemente convencido de la efectividad del tratamiento que recibiría.

En la Gran Bretaña era habitual la convicción de que era la religión y su liturgia, quienes debían brindar a sus seguidores la curación psíquica.

Esto tiene sentido, atento a que en la antigüedad los sacerdotes no se ocupaban solamente de la conducción espiritual de sus feligreses, sino también de su sanación física.

Por otra parte muchos creían que los espíritus malignos eran quienes causaban la enfermedad y que en los recintos sagrados, por medio de la oración ferviente y reiterada, se lograba revertir la situación y recuperar la salud.

Manos curativas

En todas las épocas han existido personas —adultos y niños— de gran bondad y dedicación que brindan a los enfermos una valiosa ayuda en pos de su curación sólo por el simple proceso de la imposición de sus manos.

No por ello debe decirse que estas personas hayan sido hechiceros. El hechicero utilizaba ciertas reglas bien definidas del ocultismo. Estas lo habían capacitado para invocar primero y luego "obligar" a las fuerzas de la naturaleza a cumplir con él concediéndole lo que había pedido, mientras que aquellos que curaban a través de la imposición de sus manos lograban su objetivo, casi invariablemente, en virtud de un "poder especial" que, se decía, residía dentro de ellos y que generalmente heredaban de sus padres o había sido adquirido como resultado de alguna forma de intervención sobrenatural.

Estas personas, diestras en el arte de curar, tenían lo que puede describirse como un don de Dios, y sus imágenes aparecen a menudo cargadas con una energía dinámica que se extiende hacia fuera de su propio cuerpo y ejerce influencia sobre todo aquello donde impusieran las manos.

Tanto los egipcios como los hebreos tenían conocimientos de estas prácticas, y más tarde lo tuvieron los cristianos.

"No seas negligente con el don que está en ti y que te fuera dado por profecía, con la imposición de las manos del presbítero", dice el Nuevo Testamento, y en las Actas se expresa de qué manera San Pablo impuso sus manos sobre un enfermo afiebrado, curándolo.

Que Jesucristo curó el oído de un niño enfermo a quién sacó de entre la multitud colocándole un dedo en su oreja, y ordenándole "ábrete" también forma parte de aquello que nos ha llegado a través de los tiempos

Igualmente se dice que algunos santos lograron notables curaciones por la imposición de las manos: que San Bernardo curaba a los ciegos y a los cojos y que San Patricio de Irlanda curaba la ceguera. Tuvieron muy buena reputación como curadores San Cosme y San Damián.

Vespasiano, que al igual que otros monarcas se creía estaban investidos de ciertos poderes, es recordado también por haber curado desórdenes del sistema nervioso, cegueras y cojeras.

Tanto los reyes de Inglaterra como los de Francia eran reconocidos por su capacidad para aliviar los padecimientos propios de la escrófula, inflamación y supuración de los ganglios linfáticos del cuello, mediante lo que se conocía como el "toque real", reforzado por la fe que tenía en sus poderes gran parte de sus súbditos.

Se dice que Carlos I cierta vez curó la escrófula sólo por medio de la palabra diciendo: "Dios te bendiga y te otorgue lo que deseas"

Cuando Jorge I, de la casa Hannover, (1660–1727) suprimió las curaciones por la imposición de manos, la monarquía perdió buena parte de la reverencia mística que le había inspirado a la gente hasta ese momento.

También se dice que en algunos estados germánicos, sus príncipes realizaban la curación de dificultades del habla, besando en la boca al padeciente.

Aquellas personas que poseían capacidades para curar a los enfermos imponiendo sus manos gozaban de gran estima en la sociedad.

Plinio sostenía que había personas que "poseían propiedades medicinales en todo su cuerpo", especialmente entre los pueblos de España y Chipre.

En la Edad Media se les otorgaba el nombre de "quiotetistas" y gozaban del reconocimiento oficial.

Es bueno entonces considerar la imposición de las manos como un arte honorable de la curación ocultista, que aún perdura.

¿Poder interior o divino?

El ser considerado un hombre santo o portar sobre la testa una corona real, no constituía una condición *sine qua non* para lograr tener un nombre y ser reconocido por haber llevado a cabo acciones que se consideraron milagrosas, aplicando lo que ahora podríamos denominar terapia táctil. Hubo también "legos" —personas del pueblo sin preparación religiosa o educación superior— que decían tener poderes similares y haber participado activamente en la curación de los enfermos.

Un dato a tener en cuenta es que muchos de estos legos se manifestaron durante el resurgimiento del fervor religioso que se inició y estableció durante el siglo XVII, época en que el pensamiento del hombre se alejó de lo terreno procurando elevar su espíritu.

Se distinguían entre ellos por utilizar métodos distintos para obtener resultados similares. Puede mencionarse entre ellos a Valentín Graterakes, quien participara en las guerras civiles inglesas como curador de una vasta gama de dolencias. Lo hacía simplemente tocando el cuerpo vestido del enfermo, firmemente convencido de que su poder le llegaba del Todopoderoso en forma de carga magnética. Las técnicas que empleaba eran sumamente interesantes, tanto así, que se afirma que era capaz de "extraer una enfermedad bajándola a lo largo del cuerpo de su paciente hasta expelerla por vía de los pies".

Otro de estos recordados legos, convocaba a una numerosa multitud de personas enfermas en Londres, muchos de los cuales se hallaban desesperados tratando de encontrar algún alivio. Para ello intentaron comprar su jergón, donde —decían— residía la fuente de sus poderes sobrenaturales.

Algunas más que otras, las personas que han realizado y aún realizan curaciones psíquicas reflejan las creencias que han prevalecido en las épocas en que les ha tocado vivir. Para algunas que imponen sus manos el poder está en su propio interior y para otras, esa enorme capacidad deviene de Dios, de quien se consideran tan sólo un instrumento.

Yo considero que no hay dilema alguno. La actitud de intentar ayudar al otro expresa la calidad humana de quien la tiene. Sin dudas, Dios está de su lado.

Las enfermedades psicosomáticas

La mente es el vientre en el que se gestan nuestros pensamientos, el que da a luz a las ideas. Tiene, además de su capacidad creativa, la fuerza motora para transformar esos pensamientos y esas ideas en realizaciones futuras tangibles o no, creando el mañana en la vida de cada uno de nosotros. Por lo tanto, no es alocado deducir, que si somos nosotros mismos quienes tenemos el control de nuestros pensamientos e ideas, algo podremos hacer por mejorar nuestro porvenir.

También los sentimientos y las emociones se integran a las ideas y pensamientos, interactuando entre sí. Esto se manifiesta en nuestra vida espiritual e intelectual y consecuentemente se refleja en la vida física, en lo material. Para bien o para mal, o como es mejor decirlo, positivamente o negativamente según lo sean nuestras ideas, pensamientos o emociones. Si son positivas —como los sentimientos que expresan alegría, amor, buena voluntad frente a los demás para brindarles nuestra ayuda— constituyen campo propicio para cosechar armonía, salud, amistad, prosperidad y éxito; si son negativas como el egoísmo, el enojo, el resentimiento, la tristeza, la crítica destructiva, la culpa, los miedos, etc., se constituyen en destructoras de nosotros mismos permitiendo que se instale en nuestra mente, en nuestro corazón y en nuestro cuerpo el desamor, el fracaso, la soledad etc., sentimientos que nos irán llevando paulatinamente a la enfermedad.

Si pensamos en la calidad de los pensamientos, ideas y sentimientos que nos habitan y somos capaces de desechar los que son negativos, nos fortaleceremos frente a las enfermedades. Igualmente lo haremos modificando nuestra conducta social. Y si la calidad de nuestros pensamientos es de por sí buena, optimizarla no estará de más. El amor y el perdón son poderosos antídotos.

Es necesario ser cuidadosos, a veces no tenemos conciencia del valor de nuestros pensamientos, nuestra actitud ante la vida y nuestras creencias. Nada de lo que nos sucede hoy es otra cosa que el resultado de lo que bien o mal hicimos ayer. Y lo mismo será con lo que ocurra mañana. En la vida uno recoge los frutos de las semillas que sembró, pero también importa cuánto trabajo puso en su cuidado. Siempre en el resultado final pesará lo que uno hizo o dejó de hacer.

El presente es el resultado de nuestro pasado, y el futuro lo estamos construyendo hoy. Si hay fallas en este presente, hoy es cuando debemos cambiar para que el futuro sea lo más cercano posible al de nuestros sueños. Será en nuestra propia salud donde se reflejarán más sorprendentemente los beneficios.

Si somos capaces de cambiar el patrón de nuestros pensamientos, de manejar las emociones; si nos amamos y nos aceptamos a nosotros mismos, habremos ganado una gran batalla para evitar la enfermedad y propender a la salud no sólo conservándola, sino recuperándola, lo que es tal vez el aspecto más positivo de todo esto. Ese es el comienzo: *no hay salud sin amor, no hay cura sin perdón.*

A partir de hoy debemos dejar de pensar en que somos separadamente una mente y un cuerpo que la contiene. No. Somos una unidad sincronizada, un cuerpo que responde a una programación perfectamente diseñada por la mente que en él se alberga.

El mundo que nos circunda no es otra cosa que la extensión de esa programación mental.

En el hombre, los sentimientos, los pensamientos y las ideas —su mente—, sus creencias religiosas o no —la espiritualidad— y la evolución de su intelecto —su aspecto científico o práctico— constituyen un sólo ser.

Si bien es dable admitir en estos conceptos la existencia de un lado esotérico o místico, su base es científica. La relación cuerpo-mente está ampliamente demostrada. Un alma enferma corresponde a una mente programada con ideas, creencias, actitudes y emociones negativas que finalmente enfermará a su cuerpo. Un alma sana, evolucionada, es el resultado de una mente plena de pensamientos e ideas positivas, sentimientos y actitudes humanitarias cuya influencia no dañará al organismo.

Un alto porcentaje de las enfermedades reconocen un origen psicosomático, (del griego *psykhe*: alma, y *soma*: cuerpo) explicándose así que son generadas en la mente. Eso explica en parte que aun hoy, a pesar de los avances científicos y tecnológicos en la medicina tradicional y occidental existan enfermedades que no pueden ser curadas por ella, y en cambio sí son atendidas con muy buenos resultados por las denominadas medicinas alternativas: la acupuntura, la imposición de manos, etc.

También las oraciones hacen su tarea. Casos "en donde la ciencia carece de respuestas, la espiritualidad las encuentra".

Mejorando las condiciones en que se desarrolla nuestra mente tendremos un alma saludable. Eso brindará armonía a nuestro espíritu, lo cual se transmitirá a nuestro físico. Notaremos, para bien, cambios en el carácter, en la convivencia. Y en nuestro cuerpo: la textura de la piel, el brillo del cabello etc., serán la expresión del buen funcionamiento circulatorio, digestivo etc., que se producirá a partir de esos cambios.

"Desearía que algún día todas las escuelas relacionadas con el arte de curar hicieran énfasis no sólo en el conocimiento, sino también en aquello que no se puede conocer. Eso podría darnos una visión más real de nosotros mismos"

—DR. LARRY DOSSEY

La relación cuerpo-mente

El Universo es energía —los planetas, sus movimientos, el sol, el aire, los fenómenos meteorológicos, etc—. La vida es energía, los pensamientos, los movimientos, las células, los átomos, moléculas, partículas subatómicas. Nuestro cuerpo y sus funciones también son energía. Las comunicaciones son energía. Es ella quien posiciona cada cosa en su lugar, rige el equilibrio en todo. pero a la vez, es capaz de producir alteraciones que nos golpean, que nos sacuden tanto en nuestro organismo como fuera de él.

La energía es el principio, el origen de toda materia. A la materia la constituyen los átomos; esos átomos atesoran la información esencial de ese objeto o de ese ser. Es por eso que se afirma —hasta ahora— que cada uno de nosotros es único. Llevamos en nosotros toda esa información y el registro universal de nuestros conocimientos. Cada uno de los átomos tiene inteligencia y toda la información genética de quien está conformando.

El átomo es a su vez compuesto por partículas subatómicas denominadas protones, electrones, quarks, que son una variable de energía e información. La información que contiene un átomo, está dada en forma de impulsos de energía, por eso, la diferencia que existe entre un objeto y otro, no está en el material del que están hechos, sino en la información, distribución y cantidad de estos impulsos de energía.

Decimos que el pensamiento es energía y también materia, pero no lo consideramos materia, porque al someterlo a un proceso mental podemos variarlo a nuestra voluntad. Pero si no hiciéramos esto, sólo tendríamos descargas de energía, las que finalmente serían de la misma calidad o de la misma valía que nuestro pensamiento. Esa es la tan importante razón por la cual debemos controlar nuestra mente impidiendo la generación de pensamientos negativos, y favoreciendo la formación de aquellos que son positivos. Las descargas de energía que producen los pensamientos son igual que mandatos que el destino debe cumplir.

Para que lo comprendas mejor: si crees que una persona tiene intención de hacerte daño, serás tú quien esté enviando el mensaje y alguien de tu entorno lo recogerá. Ejecutará involuntariamente esa orden, dañándote. Entonces te dirás a ti mismo: "yo tenía razón, fulano quería hacerme daño, y creo que mengano también". Y así, al cabo de un tiempo concluirás en la convicción de que esa es tu realidad, sin darte cuenta que el verdadero motor del daño está en ti mismo. Si no te detienes a tiempo, pagarás con soledad tu error, porque la gente se aparta de todo lo que es negativo y genera rencor.

La acumulación de estos pensamientos y sentimientos en el interior del hombre va corroyendo las células del organismo, enfermándolo.

Si la relación mente-cuerpo actúa como creemos, por cada pensamiento que generamos se produce una reacción química en el organismo. Si no fuera así, ¿cómo explicamos que una fuerte emoción, un disgusto o haber vivido momentos de tensión puedan causar un infarto u otra afección; que un susto pueda abrir la puerta a una diabetes, etc.? Todo tiene una explicación. Y es que cada pensamiento o emoción libera en el organismo sustancias que pueden serle beneficiosas o tóxicas, y según lo sean propenden al buen o mal cumplimiento de las funciones naturales de nuestro cuerpo.

Reitero entonces lo expresado anteriormente: cuando la medicina tradicional no atiende la relación alma-cuerpo y estudia solamente al cuerpo físico, no se está ocupando del problema en su raíz. En muchísimos casos, el cuerpo enfermo sólo está manifestando lo que les ocurre en su intangible interior al alma y a la mente.

Hasta ahora, el Síndrome de Inmuno Deficiencia Adquirida resulta ser una enfermedad terminal. Pero cuando a los enfermos de SIDA se los prepare para aceptarse y amarse a si mismos, enseñándoles a cuidarse; cuando se les brinde el afecto que los sustente, su calidad de vida tiene altas posibilidades de mejorar, optimizando la aceptación de las medicinas y hasta lograr que su enfermedad permanezca latente y no progrese. En cambio la ignorancia y el rechazo que aún hoy existe en la sociedad en su conjunto frente a la enfermedad y sus padecientes, actúan negativamente haciendo que la persona se considere carente de posibilidades, sin fuerzas para luchar y baje la guardia.

La sanación de enfermedades que estén totalmente arraigadas en nosotros es posible siempre y cuando se haga un descarnado balance de nuestra vida. Para ello será necesario replantearnos todo: revalorizar nuestras vivencias, elevar nuestra autoestima, reforzar nuestras convicciones y creencias y darle un giro de ciento ochenta grados a nuestra actitud ante la vida. Solamente la estabilidad mental y emocional podrá darle a nuestro cuerpo físico el equilibrio que necesita.

Usa tu mente para curarte

Hay que aceptar como un hecho consumado que el cuerpo del individuo refleja las actitudes de su mente, y más aún cuando esas actitudes, por repetición o fijación, se tornan en crónicas. Nada de lo que sucede ocurre por accidente, detrás de cada hecho, por insignificante que nos parezca, existen causas. Nada es "porque sí" o "sin razón" en la vida.

Es necesario examinarse si uno considera que no posee la salud lo suficientemente buena que, a su saber y entender, debería tener. Piense: ¿qué es lo que habrá hecho para poner a su organismo en esas malas condiciones? Seguramente que algo ha estado haciendo —o ha dejado de hacer— para que se haya alterado su química, dando paso a que los miedos, las preocupaciones y resentimientos lo invadan.

Está debidamente comprobado que tanto la *preocupación* como la *aprensión,* alteran el mecanismo de la digestión; provocan palpitaciones, aliento corto y una transpiración nerviosa. Ser invadido repentinamente por el miedo puede producir esto y más.

Ahora bien, si su mente es capaz de enfermarse a partir de un pensamiento o sentimiento erróneo, entonces será también capaz de sanarse si el pensamiento o el sentimiento son los correctos o acertados. Y será así. No tenga dudas de ello.

Pero eso no significa que sea suficiente con la voluntad o el poder mental para sanar a cualquier persona que tenga problemas de salud. Significa que puede ayudar, contribuir grandemente a alcanzarla.

Hace muchos años, visitó los EE.UU. un farmacéutico y psiquiatra francés nacido en 1857: Emile Coué [1]. Él proponía a la gente que adoptara lo que denominaba su plan, mediante el cual se curarían. Se basaba simplemente en la repetición —varias veces— de la siguiente frase: "Todos los días, en todos los aspectos, me voy poniendo cada vez mejor, mejor y mejor".

Muchos se reían del doctor Coué, pues su método era demasiado sencillo. Pero no había nada de nuevo en su propuesta, así como tampoco lo hay en las ideas que estoy expresando. Es solamente otra manera de actualizar como método a la repetición, la reiteración. Es concentrar la atención y mantener vivo el pensamiento en un objetivo a lograr hasta cumplirlo. Esos pensamientos reiterados, esencialmente pensamientos positivos, pasarán luego a la mente subconsciente y más tarde al poder creador interior.

A partir de que lo aplique con firme convicción, si piensa que la salud y la dicha serán suyas con el tiempo, así

---

1. Emile Coué nació en Troyes, ciudad de Francia en 1857. Fue farmacéutico y psiquiatra. Trabajó como químico durante casi treinta años en su ciudad natal. Después de estudiar y experimentar con hipnosis, elaboró una psicoterapia propia, basada en la autosugestión. En 1910 abrió una clínica en Nancy, donde atendió gratuitamente y trató con éxito a miles de pacientes, algunos de ellos con reumatismo, severos dolores de cabeza, asma, parálisis en alguna de sus extremidades, otros con tartamudeos, llagas tuberculosas, tumores fibrosos, úlceras, etc. Una sorprendente variedad de padecimientos. Sostenía que él jamás curaba a nadie, sino que enseñaba a sus pacientes a curarse a sí mismos. Lamentablemente, pese a que las curaciones ocurrieron —están perfectamente documentadas—, el método Coué ha desaparecido casi por completo después de su muerte ocurrida en 1926".

sucederá. Pero sea coherente con sus metas, no cometa tonterías ni exagere. Buenas ideas, como la del doctor Coué, se han visto desvalorizadas por las desmesuradas pretensiones de mucha gente que trataba de hacer realidad lo irrealizable. No puede uno pretender mejorar tan sólo repitiendo: "Todos los días, en todos los aspectos, me voy poniendo cada vez mejor, mejor y mejor", si no cambia sus actitudes o las costumbres que lo han llevado a la mala salud.

Si se tiene un sólo "pensamiento adecuado" y cientos de "pensamientos erróneos", no espere llegar a ninguna parte.

Existen personas que continuamente hablan de sus dolores de estómago, de cabeza, de espalda y de todo tipo. A veces no los tienen verdaderamente, pero insisten tanto en ellos, que terminan haciéndolos realidad.

Hay veces en que sentimos una determinada molestia: una respuesta nerviosa produce tal o cual dolor. Está en uno mismo agravarlo o mejorarlo. Si uno piensa que no es más que algún tipo de reacción nerviosa, estará de más mencionarlo. Tampoco es conveniente hablar reiteradamente de las propias preocupaciones y tristezas, salvo que sea durante una consulta profesional. Tratarlo con los amigos no hará que desaparezcan, sólo les transferirá sus problemas o los fastidiará. Ellos ya tienen su propia carga de inconvenientes por lo cual, seguramente, no necesitan de los de usted. Además, no tiene por qué andar mostrando su abatimiento o hablando de los males que le aquejan, pues lamentablemente se reflejan en usted.

Si usted no alimenta sus males, estos desaparecerán. Pero no se trata de hacer un acto de magia, se trata de proponerse y llevar a cabo un verdadero plan, basándose en la propuesta de Coué.

Apártese, aléjese una y mil veces de todo lo que sea negativo y produzca en usted el cambio. Sea reiteradamente positivo, es la mejor contribución que puede aportarle a su futuro y a quienes bien lo quieren.

La inconmensurable fuerza de la fe

El hombre ha accedido al conocimiento sirviéndose primariamente de lo que Dios le ha dado: sus órganos y sus sentidos: las manos para tocar, la nariz para oler, los ojos para ver, los oídos para oír y la lengua para gustar. De esta manera ha tomado contacto con el mundo circundante y ha aprendido a través de los sentidos. Ha sido a través de sus experiencias sensoriales que comenzó a constituir su bagaje de conocimientos básicos.

A medida que transcurría su vida, iba incorporando conocimientos a su mente. Comenzó por todo cuanto experimentó en su relación con los seres y el mundo que lo rodeaba. De eso obtuvo nuevas sensaciones: de distancia, de dimensiones, etc. y comenzó a mensurar su realidad iniciándose así en el largo camino del conocimiento científico, basado en la razón y la lógica aplicadas metodológicamente. Esto le proporcionó una nueva sensación: la de seguridad en los resultados que fue obteniendo al aplicar sistemáticamente conocimientos que previamente había capitalizado.

Entonces se dispuso a grandes desafíos, convencido que estaba en condiciones de blandir la espada que el conocimiento ponía a su disposición para lograr su independencia y libertad. Y fue cuando descubrió que esto es una verdad a medias, que el propio mundo del conocimiento puede dar un giro de ciento ochenta grados y mostrarle que puede haber otra realidad.

La física cuántica ha demostrado que aquellos conocimientos que el hombre había adquirido sobre la materia como tal, eran una verdad relativa. Que el átomo está compuesto en una enorme proporción por espacio; que la materia y la energía son intercambiables; y que la primera es una manifestación de esta última.

El mundo físico, nuestro universo, las cosas que nos rodean no son tal cual las percibimos, no corresponden a la idea de compacta solidez con que nuestros sentidos nos hacen captarlas. "Que ese cielo azul que vemos, no es cielo ni es azul".

Ahora sabemos que todo está constituido por pequeñas partículas que giran velozmente conformando campos de energía que toman determinadas formas que son las que captamos. Pero a su vez los científicos dicen además, que estamos rodeados de energías sutiles que están fuera del alcance de nuestros sentidos físicos y a las cuales tampoco la tecnología les ha permitido mensurar.

Con referencia al hombre, el físico Albert Einstein, nacido en 1879, de origen alemán y luego nacionalizado norteamericano, quien en 1921 obtuviera el premio Nobel, ha expresado: "Si tomáramos toda la materia que compone el cuerpo físico, podríamos colocarla sobre la cabeza de un alfiler". Creo que esto nos da una idea cabal de lo antedicho.

Pero para que pueda comprenderse mejor aun lo expresado, los científicos nos brindan la siguiente explicación: el átomo está conformado por un núcleo integrado por protones y neutrones en torno al cual giran velozmente los electrones. Si el tamaño del núcleo fuera igual al del planeta Tierra, su electrón más cercano se hallaría a una distancia semejante a la que guarda con ella la Luna. Ese espacio que hay entre el núcleo y el electrón, ese "vacío" no es tal, está lleno de energía en permanente interacción.

Estos temas no forman parte del interés cotidiano del común de la gente. La información de contenido más o menos técnico o científico que se publica en diarios y revistas, no son más que noticias al paso que generalmente resultan ajenas a sus preocupaciones, y sólo las incorpora a su vida cuando algún hecho puntual y significativo lo conmueve, de lo contrario, no llaman su atención. Tampoco lo hace la aparición de nuevas teorías o la eliminación de otras en las que anteriormente se sustentaban algunos aparentes logros investigativos. Ni siquiera los avances que amplían los límites de la ciencia despiertan su atención: permanece limitado, atado a sus propias convicciones, fiel a su formación educacional fortalecida en el transcurso del tiempo por sus propias experiencias y encuadrado dentro de esquemas suficientemente rígidos como para permitirle cambiar, ya que todo cambio lleva consigo un cierto temor a lo desconocido y una innegable sensación de inseguridad. Tal vez sea ésta una explicación de por qué el hombre corriente se halla casi estancado en torno a los postulados que plantearon los creadores del método científico.

Generalmente nuestra vida está regida por lo que pensamos, que a su vez lo está por nuestras creencias religiosas o convicciones filosóficas.

Independientemente de ello, nuestras creencias nos condicionan positivamente para que podamos hacer una realidad de aquello en lo cual enfocamos nuestra fe. Llevada a la acción, la fe hace que desaparezcan ciertos límites.

Detrás de cada meta alcanzada hay una persona que no sólo se esforzó, sino que también confió en lograrla. Puede verse frecuentemente en los entretiempos de las contiendas deportivas: de pronto, aplacados jugadores se convierten en exitosos tan sólo porque alguien, generalmente su entrenador o un director, convencido de las capacidades de cada uno de ellos, supo insuflarles la suficiente confianza como para que la fe potenciada en sus propias condiciones los llevara al triunfo. Esto equivale a decir que todo objetivo alcanzado resulta a partir de una disposición emocional y mental adecuadamente orientada y conducida a tal fin.

También en el campo de la salud sucede algo así. En las tres últimas décadas se han desarrollado algunas experiencias cuyos resultados permiten avalar cuánto influyen en los procesos evolutivos de las enfermedades, los sentimientos, pensamientos y actitudes del individuo enfermo, si se lo instruye y prepara convenientemente en la aplicación de técnicas sencillas, de prácticas de sanación. Son las que actualmente llevan a cabo unos pocos adelantados y que nada tienen que ver ni con lo mágico ni con lo paranormal.

La relajación, la meditación, las técnicas de respiración y la oración aplicadas a las curaciones psíquicas; la imposición de las manos, los diagnósticos realizados a distancia, algunos inexplicados "milagros" en la recuperación de la salud, etc., finalmente pasarán a ser moneda corriente en nuestra vida diaria.

Que lo sean ya y aceptarlo ahora es importante. Que el hombre confíe en sus propias condiciones, que trabaje sobre sus predisposiciones reforzándolas con fe, le dará satisfacciones insospechadas y una gran paz interior.

Y que haga presente cada día de su vida esta verdad: La fe, puede mover montañas.

La creatividad y el sanador

El hombre, entidad humana, siempre estará inclinado a pensar y a actuar. Si careciera de pensamientos, lo que es una irrealidad, no podría manifestarse adecuadamente ante sus congéneres, sus acciones carecerían de validez y la torpeza sería una de sus actitudes más temibles y deplorables. Pero, debemos entender que el acto de pensar se relaciona *con el pensar bien*. Si se carece de la bondad del pensamiento, la fertilidad, en suma, el hombre jamás podría dar actuaciones sobresalientes, que diesen pautas honorables y singulares. El hombre terminaría siendo uno de los engranajes en donde la cosificación recrea su inoperancia.

Soy de los que creen que el pensar errado genera una actuación en despiste. El hombre se aniquila a través de sus actos y deja de ser. *Es un yerro destinado a la desmesura.*

Todo acto de pensar, debe contar con la cordura. Sin ella, las conceptuaciones se inflaman y dejan de tener razón. Por ello, el hombre razonable, debe contar con estas pre-conceptuaciones:

- Obediencia a principios formales.

- Dedicación a pensamientos esclarecedores.

- Sentido de la proporción y el buen gusto.

- Calidad en el acto de pensar.

- Aceptación de la normativa cordial que impone el respeto de la opinión.

- Proporcionalidad entre el pensamiento decisivo y su expresión.

- Sapiencia en la exposición del timo frente a los demás.

- Crecimiento en la facultad de pensar y hacer vías de la creatividad, como meta final.

Debemos considerar, entonces, esta otra circunstancia en el acto de pensar. ¿Para qué se piensa? ¿Como un jolgorio? ¿Una costumbre menuda? ¿Un hábito de perennidad? ¿Una actitud desmayadamente inoperante que tiende a mostrar que existe un pensamiento irresoluto? Pese a que hay hombres que consideran el acto de pensar como un pasatiempo, hay otros que lo asumen como un esclarecimiento. Éstos lo proponen como una síntesis entre la facultad cerebral *y lo que ella se propone hacer.*

El pensamiento debe considerarse como una agudeza, en la cual la normativa eterna es dejar un mensaje eterno. Si el hombre se queda solamente con las palabras, perece; si elige los efectos perfectos y apacibles, vivirá por siempre. Y es aquí, donde aparece la creatividad, que es una pertenencia, cuya emblemática está uncida de las siguientes características:

• La creatividad se sostiene mientras haya una energía mental.

• Dicha energía debe propender a ordenar un crecimiento mental, de forma tal que el causante, el hombre, se sienta como de una inspiración permanente.

• La creatividad es una fuerza que da origen a modalidades cabales.

• Crear, significa dotar a la imaginación de una calidad que supere cualquier estado de conciencia.

• Ser creativo es pensar, desarrollar ideas de paz y confortación, dirigidas hacia ámbitos culturales de serenidad.

• El sacerdote no crea solamente a través de la oración. Su creatividad lo lleva a considerar lo sagrado como una delineación del espacio. El orador crea con sus palabras un entorno feraz y de recogimiento.

• El maestro crea en sus alumnos una mente nueva que alcance lo válido y superior.

- El gurú crea una realidad que supera la ideación más sobresaliente.

- El médico, al diagnosticar, crea un entendimiento y prefigura un desenlace.

- El sanador manifiesta su palabra con la intención de transmitir confianza y estímulo.

- El hombre dedicado al alma de los demás y que transporta su espíritu al enfermo, para que éste entienda el ahondamiento de la sanación, es el sanador perfecto, que aísla el mal con su mente firmemente dispuesta. Exactamente en ese instante, en el cual paciente y sanador interrelacionan las secuencias de la confianza, es cuando hace su aparición la creatividad, como método que configura un universo nuevo a descubrir.

Si bien crear es modelar desde la nada, la nada posee una propiedad difusa y evanescente, que se dispersaría si la mente no la atrapa en ese momento en donde se reúnen los pensamientos interiores del sanador y los que corresponden al paciente. Ambos destinos superan sus ritmos para lograr entendimiento y vibración.

La creatividad constituye un esfuerzo del alma para dejar algo imperecedero que logre validez. Lo válido es lo cierto; lo creativo es lo consistente y el impulso es el flujo de la idea dirigido hacia metas decisorias y de arraigo. Cuando el hombre crea, está construyendo un sitio de juntura y raciocinio. ¿De qué elementos puede valerse ese creador frente a un paciente inquieto y sin calma?

Estas podrían ser algunas fulguraciones:

• Otorgar paz ambiental.

• Situarse entre el enfermo y su compromiso de vida.

• Hacer de la palabra bienhechora algo memorable.

• Lograr que el paciente recobre un estado anterior de conciencia y reconstituya su esperanza.

• Diferenciar la palabra que cura, de aquélla otra aferrada a la esplendidez elocutiva.

• Entender, certeramente, que el acto de crear es también una actitud de procrear. Al extender la sanación, el sanador da a luz una nueva especialidad, esencia de un fervor congraciado con la divinidad.

Cada vez que se piensa en la importancia que posee el pensamiento sobre la acción, cualquiera de nosotros se dará cuenta de lo mayúsculo que es otorgar cosas, para bien de los demás. Y es, justamente, la creatividad lo que supera toda ambivalencia. Rainer María Rilke decía que "Toda obra de arte es buena, cuando ha sido creada necesariamente". Siempre será ésta una buena respuesta.

Energía y sanación

Quien haya experimentado su propia curación psíquica es conciente de la enorme contribución que a ella han realizado su mente y su fuerza espiritual. Sin embargo, quienes han ido un poco más allá para saber algo sobre energía, su influencia en todos y cada uno de los actos de la vida y todo cuanto de ella deviene, no pueden sino otorgarle un lugar preponderante en la acción curativa.

El hombre evolucionado de antiguas culturas le asignaba a la energía un valor estructural en el cual se sostenía la vida y sus expresiones religiosas o filosóficas. Y a juzgar de lo que ha venido ocurriendo en el transcurso del tiempo y atendiendo a algunas manifestaciones de la naturaleza, parecería que estaban en lo cierto.

Veamos ahora cuál es esa fuerza vital, de dónde viene, a qué reglas responde y cómo es posible manejarla para bien servirse de ella en resguardo de la propia salud y para el bienestar de los demás.

El Universo es esencialmente vida, vida perfectamente organizada y en permanente actividad, donde las influencias particulares de cada una de sus partes hacen tener de él el concepto de unidad e integridad mantenido y sostenido tan sólo por la energía en continuo movimiento.

Esa imagen del universo es constante. Se puede sostener que difícilmente es alterada. Conviven en él, sin perturbarlo, los sistemas planetarios, los astros, los individuos, los diversos organismos, las células, átomos, etc., todo en una perfecta armonía, sin que el uno interfiera en el territorio virtual de los otros. Cada uno de los integrantes del universo posee un patrón funcional de comportamiento perfectamente aceitado y una memoria operativa ordenada que le permite cumplir acabadamente con su parte en ese todo.

Pero además tiene una capacidad de adaptación que permite que la coexistencia sea armónica, eso que hace que cada una de las condiciones para sustentar ese todo que se denomina Universo, se cumplan. Eso que posibilita tal comportamiento no es otra cosa que la energía universal.

Igualmente ocurre con el hombre. No es disparatada la idea de que el cuerpo humano es algo cuya estructura está conformada a partir de un campo energético y que integran su constitución partículas materiales. La inalterabilidad de ese campo es lo que mantiene sin modificaciones la configuración de las sustancias, de los fluidos del organismo, aún cuando sus componentes sean continuamente reemplazados. Se sabe que unas células del organismo van muriendo y otras las van sustituyendo sin que ello se manifieste ostensiblemente.

La energía es la expresión de la vida en los organismos, es el motor que lo hace un ser viviente. Su ausencia lo convierte en materia inerte.

Esto nos brinda la idea del hombre como un ser constituido en diferentes planos:

- **Un plano físico**, tangible, visible, totalmente perceptible por los sentidos, que puede ser medido en sus dimensiones; pesado, es el cuerpo material.

- **Un plano energético o etéreo**, que es donde reside nuestra fuerza vital.

- **Un plano emocional**, en el que se generan y manifiestan las emociones y los sentimientos.

- **Un plano mental**, en el cual se conciben y forman ideas y pensamientos.

Se reconocen además otros planos superiores a los mencionados donde se desarrollan los principios morales y evoluciona la espiritualidad del hombre. Pero ahora vamos a referirnos sólo a los que hemos señalado previamente. Estos planos comparten un intercambio permanente de mutuas influencias pero ellas no alteran sus frecuencias vibratorias y niveles de conciencia. Sin embargo, y dada su coexistencia, es fácil comprender que una alteración en uno de ellos tendrá un efecto en consecuencia en los planos restantes. Podemos decir para ejemplificarlo, que un pensamiento negativo seguramente provocará en quien lo concibió, angustia o una sensación de desagrado, la que alterará el flujo de energía. Si tal situación se mantiene durante algún tiempo, ese continuo desbalance puede influenciar negativamente en el plano energético de uno de los órganos, al cual finalmente lesionará. En otras palabras: una actitud *mental*, influirá en el plano *emocional*, que a su vez alterará al plano *etérico*, lo que terminará por dañar alguna parte del organismo *físico*.

Es fácil darse cuenta entonces de los efectos que en el organismo genera un hecho que nos afecta emocionalmente: algunas veces cambia nuestro comportamiento, o nos hace perder seguridad en nuestras decisiones, o tambalear toda una estructura montada en la que, hasta ese momento, se desarrollaba sin altibajos nuestra vida. Como consecuencia, nuestra salud comienza a manifestar cambios: porque descansamos poco o mal durante las horas de sueño, nos duele el cuerpo; porque cuando comimos estábamos nerviosos nuestra digestión es mala; etc. Esto demuestra la íntima dependencia que hay entre una actitud mental, la calidad de los pensamientos y nuestra salud física.

Cuando de nuestros pensamientos se originan enojo, envidia o rebeldía se sobrecarga el circuito energético. Otros pensamientos en cambio lo debilitan, como son los miedos, la inseguridad o la carencia de expectativas. Si además no somos capaces de controlar estos estados anímicos o emocionales, será aun mayor su efecto negativo sobre el cuerpo vital, produciéndose en consecuencia, una caída en la capacidad de resistencia a las enfermedades

Algunos condicionantes personales que no somos capaces de manejar pueden llevarnos a transitar el mismo camino. Una vida llena de exigencias laborales que nos impida mantener un equilibrio entre los tiempos del trabajo y del descanso; no disfrutar de momentos dedicados a alguna actividad social, física o recreativa; tener una conducta sexual inadecuada; que nuestra dieta esté mal balanceada, son algunas de ellas. Pero además existen factores ajenos a nosotros y que también inciden en el equilibrio vital. Son los denominados agentes ambientales: los ruidos, las radiaciones electromagnéticas, factores climáticos como exceso de humedad, de lluvias, tormentas, etc.

La salud es el estado natural del organismo. Quien vive en observancia de las leyes de la naturaleza estará actuando consecuentemente en mantenerla en el tiempo y quien no, permite que aparezca la enfermedad, producto de la lucha entre los factores patógenos y la energía vital. Cuando ésta es débil para rechazarlos, el cuerpo es vulnerable a la aparición de enfermedades. Si su estado es armónico o se logra recuperar la armonía vital, la tendencia de la naturaleza es a eliminar los agentes patogénicos, restableciéndose consecuentemente la salud. Si entendemos esto, nos daremos cuenta del enorme efecto que tiene asumir una actitud positiva cuando aparecen los primeros síntomas de una enfermedad. Tal actitud ayudará a acelerar la recuperación. Contribuirá a lograrlo la visualización sistemática de imágenes estimulantes y alentadoras, en las cuales el enfermo se imagina a sí mismo venciendo a la enfermedad, sano y feliz. Esta actitud acrecentará los índices de recuperación.

Según lo expresamos anteriormente, interpretamos al hombre como una entidad, una estructura energética integrada a partículas materiales. Esto permite que tanto los alimentos sólidos y líquidos, como las vibraciones que capturan los sentidos, —de la luz solar, del aire, de los colores, de los sonidos, que son portadoras de energía—, se integren al mismo.

Esta energía no proviene de la constitución de los alimentos en cuanto a su contenido material, sino de su "esencia vibratoria". Es en este aspecto que podemos determinar las diferencias en la calidad de lo que incorporamos como alimento, del agua que bebemos, del aire que respiramos y de las radiaciones a las que nos hemos expuesto. He ahí la razón por la que, más allá de sus características fisicoquímicas, todos ellos sean diferentes a sus pretendidos iguales: no son iguales los alimentos naturales que los inorgánicos, ni es igual el aire del mar o la montaña al de las ciudades, ni el agua de manantial a aquellas que fueron tratadas para lograr su potabilidad, ni son comparables los sonidos de la naturaleza o la música espiritual, armoniosa, con los ruidos de maquinarias, golpes, estridencias que soporta nuestro oído en la vida citadina; tampoco es igual permanecer a la luz del sol que servirnos de la que nos provee una lamparilla eléctrica.

Esta fuerza vital que recorre todo nuestro cuerpo, traspone su estructura física conformando una expresión externa que reconocemos como el aura. Esta proyección extracorpórea, luminosa, radiante, vívida se dilata y contrae permanentemente en forma acompasada. La forma en que esto ocurre, la frecuencia en el ritmo, la diferente amplitud de las capas que lo conforman, la tonalidad y distribución de sus colores, el brillo, la configuración y su textura evidencian las condiciones en que se encuentra el organismo.

El registro de estas condiciones queda plasmado en la impresión de la electrofotografía Kirlian, que se logra con la utilización de un método especial exponiendo a un proceso fotográfico, no convencional, determinadas partes del cuerpo. Se extraerán de él valiosas conclusiones sobre el estado emocional y espiritual del individuo, sobre algunas condiciones que se manifiestan como una anormalidad energética y que finalmente lo predispondrán a enfermar. Contar con estos estudios permitiría prevenir el desarrollo de condiciones desencadenantes y así evitar daños físicos en el organismo.

Establecemos nuestra conexión con el mundo que nos rodea a través del aura, que al contacto con ciertos objetos o personas se puede manifestar brillante, vivaz, con gran energía o al contrario, puede retraerse. Esto no es más que la expresión de lo que acontece en nuestro interior.

Cuando un estado es armónico y notablemente vital, esa sensación se transmite al entorno. Si por el contrario es débil o inarmónico, quienes estén en contacto con el individuo portador sentirán los efectos de ese estado, y notarán en su propio organismo un desequilibrio energético producto del drenaje al que es inconscientemente sometido. En personas cuyo aura está debilitado, la sensación será de "vacío" de energía aun en un normal contacto con los demás, lo que se manifestará en caídas anímicas, angustias etc., que si no son atendidas a tiempo, podrán llevarlas a la depresión.

Es por eso que debe mantenerse el aura constantemente reforzada, sirviéndose para ello de la práctica sistemática de algunos ejercicios, y procurando mejorar nuestro ambiente interior. Y cambiar el exterior si fuera conveniente.

La energía vital se sirve del pensamiento y en un mismo acto le obedece. El hombre en estado de relajación y profundamente concentrado, con una producción mental activa, intensa y clara, es capaz de captar mayor cantidad de energía y controlar su circulación. Cuando de los acontecimientos resulte su necesidad, le será posible establecer una sintonía cuerpo-mente y de esta manera lograr su absoluta integración. Si las circunstancias determinan una necesidad aún mayor, será esta sintonía íntima la que dará paso a la manifestación de capacidades que se han mantenido en estado de latencia en el interior del ser. Valiéndose de sus propias sensaciones corporales y utilizando como monitor a su pensamiento, será capaz de transitar sistemática y ordenadamente su cuerpo, detectando eventuales anomalías en el tránsito energético que no serán otra cosa que indicadores, señales de alerta a las que se deberá brindar la debida atención.

Descubrir que en alguna parte de su cuerpo el tono vital es deficiente permitirá trabajarla y, de esta forma, reforzarla energéticamente. Si por el contrario se establecen zonas sobrecargadas, será posible obtener un balance energético que dé como resultado su equilibrio o, como decimos nosotros, su armonía. Ejercitar y aplicar este método primario de "auto-diagnóstico" reciclará capacidades que el hombre ha ido perdiendo o —para mejor expresarlo— despreciando en el transcurrir de su evolución. Debe dejarse en claro que, de ninguna manera, los resultados que el individuo obtenga en este laborar sobre su propio cuerpo, podrán actuar en contra de algún tratamiento prescripto por profesionales científicamente capacitados en el terreno que lo requiera. Muy por lo contrario, ayudará a que exprese con claridad cuáles son los síntomas manifiestos que lo afectan, tanto en su cuerpo físico como en la parte no física del organismo.

El ejercicio de estas capacidades adormecidas producirá en el individuo un despertar de condiciones que irán potenciándose consecuentemente.

En aquellos que alientan principios humanitarios, que son altruistas, que están comprometidos en tareas sociales, el deseo de ayudar al prójimo se manifiesta fuertemente.

Generalmente estas personas han transcurrido una evolución espiritual que podrá o no tener base religiosa, pero que de todas maneras habla de una grandeza de sentimientos. Estas son también condiciones y convicciones del sanador y participan en el desarrollo de su potencial. En su afán de responder al impulso de ayudar a sus semejantes a conservar o recuperar su salud, a veces no se tienen en cuenta determinadas condiciones.

Siempre he sostenido que no se puede dar a los demás aquello que no se posee. Consecuentemente, para que la respuesta a su impulso sea positiva, el sanador deberá haber puesto en práctica su capacidad de auto-sanación, tener a su propio organismo en condiciones de salud que le permitan brindarse, contar con energía, con la fuerza suficiente, armonía emocional, equilibrio mental, y buena disposición de carácter que hagan que su ayuda sea posible. En esas condiciones será positivo su intento. En cambio, si las condiciones son insuficientes o inadecuadas, el resultado puede llegar a ser contrario al que se pretende obtener.

El sanador ha de ser respetuoso, responsable y humilde, capaz de conocer y admitir sus limitaciones y conciente de que Dios es el único poseedor del Poder.

Estrés y relajación

Hace ya algunos años, un autor llamado Seyle, describió el *Síndrome General de Adaptación*.

Un síndrome desde el punto de vista médico, es un conjunto de signos y síntomas que configuran un cuadro patológico sin definirlo taxativamente. Este síndrome está caracterizado por un conjunto de reacciones físicas, neuroquímicas y emocionales que desencadenan, cuando nos confrontamos con un cambio brusco, una reacción inesperada, una enfermedad, o cuando vivimos en un estado permanente de malestar físico, psíquico o social.

Esto significa que cuando algo sucede a nuestro alrededor, ya sea insignificante o importante, nuestro organismo debe adaptarse a esta nueva situación. En sí mismo, este fenómeno no constituye una enfermedad así como tampoco lo es la adaptación que hacemos. Lo que ocurre es que si las agresiones, entendiendo como tales a esos mencionados cambios, son repetidas, importantes, los fenómenos de adaptación se ven superados y entonces sí puede sobrevenir una enfermedad o un desequilibrio de cualquier tipo.

No es la finalidad de este capítulo hacer una descripción médica de la esencia de los mecanismos mencionados, pero diremos que cuando sobreviene una de esas situaciones cambiantes, se desencadena una serie de fenómenos fundamentalmente neuroendocrinos, donde le cabe gran responsabilidad a nuestra glándula suprarrenal. Esta glándula, cuyo nombre se lo debe a su posición anatómica, recibe información neuroquímica enviada desde el cerebro que es quien percibió el fenómeno e inmediatamente segrega sustancias químicas llamadas hormonas, entre las que se destacan fundamentalmente la adrenalina y la noradrenalina y por supuesto los corticoides.

A partir de allí se suceden ininterrumpidamente fenómenos celulares de oxidación, liberación de otras sustancias para contrarrestar el efecto de las primeras. Si bien esto puede ser controlado por nuestro organismo, llega un momento que se genera una especie de caos neuroendocrino, se mantienen los efectos que hasta ahora podían no ser deletéreos y comienzan a insinuarse los daños tisulares.

Un ejemplo típico es el miedo. Cuando sentimos miedo en forma repentina, un susto, sentimos que el pulso se acelera —taquicardia—, palpitaciones, nuestra piel empalidece, sudamos, respiramos superficialmente, sentimos que el vello del cuerpo se erecta, una importante opresión en el pecho, escalofríos, etc.

Esto denuncia a las claras que ha habido un vuelco repentino de adrenalina en nuestro torrente circulatorio. Este hecho en sí mismo no es dañoso para nuestra salud, todo lo contrario. Lo que la hormona logró en ese momento es ponernos en alerta, en una actitud de defensa. Prepara nuestro cuerpo y mente para enfrentar esta nueva y brusca situación.

Pero nadie escapa que las respuestas ante la misma situación varían de un sujeto a otro. Una persona entrenada a vivir situaciones de peligro ya sea por su profesión, su forma de vida o su realidad cultural, reaccionará de una manera distinta al ama de casa que se encuentra con un ratón en su cocina.

Observemos desde ya que una actitud voluntaria, aprendida y determinada como es un entrenamiento, modifica la reacción no solo del individuo, sino de los fenómenos físicos y neuroquímicos que desencadena la situación.

A partir de este ejemplo podemos ir sacando algunas conclusiones y comenzar a ver cómo podemos modificar estas reacciones sin usar medicamentos.

Lo primero que salta a la vista es que esta es una situación que podríamos definir como aguda, repentina y que seguramente no durará demasiado. Este estrés que se desencadena no es el realmente preocupante y, si bien podemos llegar a modificar algo sus efectos, resulta claramente inevitable.

Veamos las otras situaciones, las que se dan todos los días, las que vivimos todos los seres humanos en nuestra vida cotidiana, las que realmente por su cronicidad y perdurabilidad pueden dañarnos pero que también nos dan la posibilidad de controlar mejor.

Todo lo que nos pasa, lo que les pasa a los demás, todo lo que sucede en nuestro entorno, desde que suena el despertador hasta que nos volvemos a acostar, desencadena fenómenos de adaptación que juntos, configuran el estrés. Pero si bien esto es innegable, también debemos afirmar que no todo este estrés es dañoso para nuestra salud. Dicho de otra manera, convivimos permanentemente con el estrés pero esto no significa que necesariamente el estrés nos enferme. De ahí el dicho común de situaciones estresantes y otras no tanto.

A poco que nos pongamos a pensar nos damos cuenta que los problemas económicos, nuestra salud y la de nuestros seres queridos, el futuro incierto, las injusticias, la crianza de nuestros hijos, el empleo, la adaptación al medio social, etc., nos producen irritabilidad, angustia, miedos y nos colocan en la necesidad permanente de producir mecanismos de adaptación. Y esa cronicidad, esta permanencia en el tiempo de dichos fenómenos, sí nos enferman. Además, es muy común que se adopten formas equivocadas de menguar estos efectos a través de conductas que son adictivas y nos producen más daño aún: el cigarrillo, el alcohol, la automedicación con psicofármacos, el uso de otras sustancias, comidas en exceso, conductas antisociales, etc.

En mi opinión personal, lo más estresante resultan ser las relaciones humanas: con nuestros compañeros de trabajo, nuestros vecinos, nuestros gobernantes, nuestras parejas, nuestros amigos, la pérdida de seres queridos, los peligros que corren los unos y los otros.

Todo se junta, las agresiones del medio, las sustancias que produce nuestro organismo y los mecanismos erróneos que adoptamos para paliar los síntomas, para constituir un conjunto de agresiones importantes que dañan nuestra salud en forma irreversible. Y recalcamos aquí que la salud no es solamente la falta de enfermedad. Salud es un estado de bienestar físico, psíquico y social.

Obsérvese entonces cómo desde los hechos cotidianos de nuestra vida, pasando por el estrés y las medidas que absurdamente adoptamos para corregirlo, atacamos íntegramente el concepto de salud.

Podríamos escribir muchas hojas enumerando las enfermedades que pueden llegar a instalarse a partir del estrés o que pueden agravarse por éste, pero mencionaremos las más comunes o conocidas:

- Las enfermedades coronarias que pueden desencadenar un infarto de miocardio.
- Las enfermedades vasculares en general
- La hipertensión arterial.
- La úlcera gástrica duodenal.
- El asma bronquial.
- Cefaleas y migrañas.
- Patologías funcionales digestivas.
- Enfermedades de la piel.
- Enfermedades inflamatorias crónicas intestinales.
- Desequilibrio de los lípidos en la sangre.
- Innumerables neurosis.

Estudios científicos serios han concluido que a partir de los fenómenos de oxidación celular, elemento patente del estrés, se favorecería la aparición de cánceres como el de colon.

Destaquemos que todos los fenómenos desencadenados por el estrés nos producen un importante descenso de nuestras defensas inmunológicas, y a partir de ese estado de indefensión inmunitaria, estamos más expuestos a contraer enfermedades.

Planteadas las cosas así, perecería ser que nuestras opciones son o seguir auto enfermándonos o vivir tomando un medicamento para cada uno de los síntomas que nos aparecen, y transformarnos en enfermos sobre-medicados.

Además, reconozcamos que no siempre se recurre a la opinión profesional para elegir un medicamento. Lo más común es el peligrosísimo hábito de la automedicación, cuando no el uso de drogas imprescriptibles.

Lógicamente no podemos vivir aislados de nuestro medio, no podemos solucionar nuestra economía con solo desearlo, ni podemos evitar que nuestros hijos crezcan. Entonces, ¿qué podemos hacer?

De ninguna manera creemos tener la solución a este conflicto permanente del ser humano, pero sí creemos que se puede modificar en parte la forma en que nuestros sentidos perciben las situaciones a las que debemos adaptarnos. En otras palabras, si logramos menguar el efecto que todas esas situaciones producen sobre nuestro organismo, lograremos que los mecanismos de adaptación sean más atenuados y por lo tanto, menos dañosa su influencia.

Lograremos disminuir el estrés, podremos controlarlo de alguna manera. Y eso se puede lograr con técnicas científicas y serias de relajación. No puedo ni debo referirme a ellas nada más en el sentido que he tenido la oportunidad de aplicarlas y sobre todo de conocer muchísimas personas que lo han hecho y realmente he podido constatar lo asombroso de sus efectos. Estoy absolutamente convencido que quien logre emprender y aplicar estas técnicas en forma adecuada, podrá modificar los efectos nocivos del que propongo llamemos daño social inconsciente.

Pero también debo advertir enfáticamente que toda persona que perciba un signo o sienta un síntoma, cualquiera sea su intensidad o importancia, lo primero que debe hacer, es consultar a su médico de confianza.

No olvidemos que de lo que estamos hablando es de enfermedades ya instaladas a instancias del estrés y éstas son patrimonio de la medicina. Las técnicas de relajación sirven mucho para evitar nuevas enfermedades o para evitar el agravamiento de las ya instaladas. No nos olvidemos que una enfermedad es de por sí una situación estresante.

La glándula Timo y la energía

El ser humano, mediante su pensamiento, genera actitudes y sentimientos que actúan directamente sobre su propio organismo, y más precisamente, sobre una glándula llamada "Timo".

Si mayoritariamente los pensamientos y actitudes, son positivos —confianza en sí mismo, justa autoestima, fe, sentimientos de generosidad, afecto, etc.—, el timo se verá fortalecido y estimulado.

Si por el contrario, uno alberga en su interior ideas, pensamientos y sentimientos de rencor, desvalorización del propio yo y de los demás, mezquindad etc., estas actitudes contribuirán al deterioro de la función del timo, restando energía. ¿Qué hacer para que esto no suceda?

Será necesario echar mano a algunos recursos que están dentro de uno mismo:

- Repasar aquellos pensamientos que son positivos y servirse de ellos como apoyo, o bien, en sustitución de los pensamientos negativos para que, al cambiar su pensamiento o su actitud, la química interior del organismo del individuo produzca el verdadero cambio.
- Activar la glándula timo.

El timo, está en el centro de nuestro pecho, por detrás y debajo de la parte superior del esternón. Su nombre viene del griego *thimós*, que significa "alegría de vivir" y es un puente tendido entre el cuerpo y la mente del individuo.

Por eso es que tanto los pensamientos como los sentimientos actúan sobre ella: si son negativos, le restan energía; si son positivos, hacen que ella libere las energías vitales y curativas que produce nuestro propio organismo y que son las que trabajan directamente sobre los estados de ánimo, situaciones de estrés, angustias, y esos "bajones", que nos encienden una luz de alerta en el camino a la depresión, del "no doy más" y del querer tirar la toalla en las luchas permanentes para vivir.

En el intento que cada cual realice para cambiar estas situaciones, puede hacer el siguiente ejercicio.

Ejercicio

Cierra los ojos. Respira profundamente y relájate.

Con dos de tus dedos comienza un suave golpeteo sobre el centro de tu pecho, varias veces. Al cabo de unos pocos minutos tendrás la sensación de una alegría sutil, de un cambio de estado anímico, algo que es realmente grato, difícil de describir o de explicar, que te proporcionará una sensación de bienestar.

Le agradeces a Dios, abres los ojos muy lentamente, sintiéndote mejor, mejor y mejor.

Luego de hacer este ejercicio podrás reanudar tu actividad, sintiéndote verdaderamente revitalizado.

La relación revitalizadora del hombre con los árboles

¿Quién puede negar que se ha sentido pleno, alguna vez, junto o debajo o abrazado a un árbol?

La sensación de cobijo, de protección es real. Siempre el hombre ha contado con la frescura de su sombra, el resguardo de su fronda ante las inclemencias climáticas, la seguridad de abrazarse a la firmeza de su tronco, etc.

Pero el árbol es también un contenedor de la energía que extrae de la tierra a través de sus raíces y que llega a todas sus partes por medio de su torrente circulatorio: la savia. Toma de la tierra, se nutre y expande esa energía transformada: está presente en sus hojas, en sus flores, en sus frutos.

Muchas de las hojas de árboles y flores son aplicadas en preparaciones de uso medicinal. En cuanto a sus frutos, estos son los más energéticos y nutritivos alimentos que dispone el hombre: ni siquiera debe elaborarlos, sólo tomarlos.

Entonces ¿cómo dudar de la capacidad del árbol para darnos, además de todo eso, una recarga energética con solamente su contacto?

El sauce llorón —antecesor de la aspirina— nos calma y tranquiliza por el sólo hecho de permanecer bajo su fronda. El pino en la región del Mediterráneo es conocido por activar la circulación; el olivo por regular la actividad de los chakras; el ciprés es considerado sutil y espiritual, etc. Quienes viven en América también cuentan con palmeras, pinos, robles, y un sinnúmero de especies cuyas virtudes han sido reconocidas por generaciones autóctonas que las han transmitido a sus descendientes.

En Japón y en otros países orientales el común de la gente utiliza sus parques para trasmutar sus energías desgastadas y recargarse nuevamente para continuar con sus tareas.

La presencia del árbol aporta armonía a la jornada del hombre simplemente con el color de su fronda o con el encaje que dibujan sus ramas desprovistas de hojas en el invierno.

Por eso es válido considerar la aplicación de algunas técnicas que posibiliten la mayor y mejor absorción de la energía que los árboles ponen al alcance del ser humano.

Ejercicio

Primeramente se debe seleccionar el lugar, elegir un árbol con el cual uno considere que puede establecer una consonancia, un contacto. Sin apresuramiento, es una cuestión de empatía.

Colocarse frente al árbol elegido a unos cincuenta centímetros de su tronco. Establecer una sintonía tratando de identificarse con él. Calibrar el ritmo de la respiración para que acompañe los suaves movimientos del cuerpo.

Con los ojos cerrados, permanecer de pie y comenzar a sentir que esos pies se van convirtiendo en raíces, que la savia circula por ellos y empieza a subir por sus piernas, muslos y torso. Cruce los brazos sobre el pecho con los puños cerrados, compactando el cuerpo hasta sentirlo como si fuera un tronco, bien irrigado por savia nueva, sana, sin elementos contaminantes, energéticamente potente. Es el momento de permitirse crecer: extender los brazos (las ramas) hacia arriba, abrir los puños, estirar suavemente los dedos cual si brotaran hojas, siempre acompañando los movimientos con una respiración serena y acompasada.

Visualízate identificado con tu árbol: tus pies, las raíces; tu cuerpo, el tronco; brazos y manos son ramas y hojas. Inspiras y exhalas repitiéndote mentalmente: "Estoy en contacto contigo" y sientes que lo haz logrado.

Lentamente baja los brazos, da gracias a Dios y abre los ojos. Te sentirás completamente energizado. No dejes de darle las gracias a tu árbol.

Meditación dinámica: Relajación

El lugar para realizarlo

Cualquiera que sea privado, donde uno se sienta bien dispuesto. Aquellas personas que vivan en la cercanía de un río o un lago, o bien donde hay montañas cuentan con el espacio ideal. Pero para quienes son la mayoría, que no dispone de estos paisajes,teniendo en cuenta que esto constituye una metodología de práctica diaria, será necesario adaptarse a la propia realidad y no pretender que la realidad se acomode a sus necesidades día a día para poder meditar.

La posición

La más cómoda para cada uno.

El tiempo

No hay límites, ni mínimo, ni máximo. Lo recomendable es entre diez a quince minutos, pero no hay inconveniente en reducir o incrementar su duración, ya que es una metodología dinámica.

La preparación previa no es necesaria. Sólo se debe saber que uno irá hacia su interior. Tener —durante el proceso de ir hacia adentro de sí mismo— la sensación de profundizar en su autoconocimiento. Es viajar hacia la realidad del propio mundo interior.

Los componentes de la técnica

Son los que utiliza la metodología de la Interiorización Dinámica. Incorpora la visualización; usa de manera natural la relajación; se vale de las afirmaciones positivas y proyecta hacia el entorno un conjunto de pensamientos fuerza-energía.

Ejercicio

Te sientas o te acuestas muy cómodamente. . . Cierras los ojos y tomas varias inspiraciones profundas con una respiración nasal suave. . . Muy suave. . . Cada vez más suave.

Sientes que te encuentras en un lugar de descanso y rememoras momentos muy felices de tu vida. Enfrente de ti hay un portal de luz y energía. . . Caminas hacia él y lo traspones. . . Estás rodeado de esa cálida luz. . . Tienes la sensación de encontrarte en un ascensor que te transporta hacia dentro de ti. . . Cada vez sentirás que estás más relajado, más profundamente relajado. Comienzas a repetirte mentalmente y hacer un conteo regresivo, 10. . . Más profundo. . . 9, 8, 7, 6. . . Más profundo cada vez 5, 4, 3. . . Más profundo. . . 2, 1. . . Ya estás totalmente relajado. . . Completamente relajado, desde la nuca y hasta los pies.

Sales del ascensor y una vez fuera de él te encuentras con grandes y hermosos cristales de cuarzo, que son de sanación... Apoyas tus manos en el que más te atrae y sientes cómo pasa de él hacia ti la energía de sanación, llenando tu cuerpo... Sientes que cada célula se armoniza y, si lo deseas, aprovecha la oportunidad para reforzar alguno de los órganos que lo necesite. Hazlo ahora.

Aprecias la posibilidad de desplazarte sin barreras de tiempo ni de espacio hacia el futuro. Caminas y descubres un candelario que señala el año próximo.Sientes que en el mundo hay una especial fuerza de paz, protección y armonía… Sigues tu marcha… Visualizas un calendario del año siguiente al que ya viste… ¡Cuánta paz, protección y armonía captas en todo lugar!

Reanudas la marcha y llegas a un mundo de luz. Estás en el año 2013 y sólo aprecias Paz, Protección y Armonía para todos. Sin discriminación.

Retornas al sector de los cuarzos y allí te sientas a meditar. Surge de ti la potencia mental, y lo hace desde tu frente de paz, protección y armonía. La irradias cual haz de Luz hacia tu entorno, la visualizas como un manto protector por encima de tu comunidad, la que va recibiendo a su paso un incremento en la potencia de todos los pensamientos positivos.

Ahora rodeas con ese manto a tu Patria, y crece el haz de Luz que sale de ti por tanto pensamiento positivo que se agregó, llevando paz, protección y armonía.

Diriges entonces ese rayo de luz para iluminar a todo el planeta. Rodeas al mundo con él, viendo cómo crece por los positivos pensamientos que encuentra a su paso. Rodeas toda la Tierra, sin distinción ni discriminación, y la cubres con ese manto energético radiante de paz, protección y armonía. Te darás cuenta que estás en sincronía mental con todas las personas que en este instante piensan mejor. Mira los cuarzos que te rodean y siente que con su vibración se refuerza el buen pensar tuyo y el de los demás.

Estás frente a un espejo. Te miras y ves ¡lo bien que luces! Tus ojos están chispeantes; tu rostro resplandece; tu personalidad es radiante. Así es como puedes proyectarte hacia la rea-

lidad del mundo exterior. . . Obsérvate, ese eres tú, realmente eres tú.

Repite frases de apoyo para la diaria jornada en la realidad del mundo exterior. Al cabo de un instante, inicias la salida del ascensor 1, 2, 3. . . Saliendo lentamente, 4, 5, 6, 7, 8, 9, 10. Nuevamente estás en tu lugar de descanso. Mantén un diálogo con Dios. Luego abre los ojos, sintiéndote totalmente relajado y con mucha fe.

Si crees que te ayudará a optimizar su resultado, puedes grabar este ejercicio con tu propia voz para escucharlo y realizarlo cuando lo consideres necesario.

CAPÍTULO III

La Visualización

"Da a la facultad creadora una imagen clara e intensa de lo que deseas y así comenzarás a crear condiciones magnéticas a tu alrededor y harás realidad en la vida externa lo que percibiste en imágenes en la realidad interna".

—HAROLD SHERMAN

"El poder de la visualización de la mente puede ayudarnos muchas veces a superar enfermedades y dolencias tanto físicas como mentales, sean cuales sean sus razones y orígenes. Cuando la actitud de un paciente es positiva, y no desea morir, porque le quedan todavía muchas cosas que hacer, y siempre que se "imagine" a sí mismo con la salud recuperada, las diferentes células de su organismo responderán a esa visualización y con frecuencia se curará."

—DR. CARL SIMONTON

En su natural potencial, la imaginación, valiéndose en forma conciente o no de la energía universal aplicada a la creación, puede traer a la realidad algunos hechos según nuestros deseos. A esta técnica la denominamos visualización.

Como todo en la vida, esto tampoco se logrará en el primer intento. Será necesario generar en la mente una mayor actividad creadora de imágenes y darle a los deseos que permanecen latentes en su profundidad, la oportunidad de manifestarse paulatinamente en la existencia de cada uno.

Para vivir una experiencia, primeramente hay que soñarla. La imaginación permite crear una idea o una imagen mental, desarrollarla por medio del propio poder creativo para luego elegir concientemente algunos acontecimientos y a otros, hacerlos de lado. De esta manera, en lugar de soportar situaciones en las cuales otras personas deciden por uno, se podrá ser creador de la propia realidad cotidiana.

La imaginación faculta al hombre para crear una imagen precisa referida a un objetivo determinado y para que posteriormente pueda fijar su atención en ese objetivo el que puede estar ubicado en cualquier nivel: físico, emocional, mental o espiritual. De esta manera lo estará nutriendo de energía positiva al tratar de transformarlo en una realidad.

La práctica de la visualización es independiente de toda otra creencia. No está ligada a lo religioso ni a lo esotérico. Para poder hacerlo sólo será necesario tener la mente abierta y estar dispuesto a enriquecerla, ampliando con propias experiencias los conocimientos.

También es posible la práctica de esta técnica ante algún acontecimiento imprevisto o una situación delicada, imaginándose a sí mismo como un ser rodeado de luz y de amor.

Nutrición celular:
Ejercicio de relajación y visualización

Puedes grabar con tu propia voz este ejercicio de visualización para escucharlo cada vez que lo desees, con un fondo de música suave. Si te adormilas oyéndolo, no te preocupes: al despertar descubrirás su acción subliminal.

Va dirigido a la sanación de todo el cuerpo, canaliza la completa nutrición celular y se enfoca después, directamente, en una zona determinada.

Practícalo dos veces al día: una por la mañana y otra en la noche, con una duración aproximada de quince minutos por sesión. De esta manera lograrás equilibrar la energía de todo el cuerpo, eliminando el dolor y mejorando la salud.

Comienza:

Busca una posición cómoda, preferentemente acostada. Cierra los ojos y afloja sus tensiones.

Toma varias inspiraciones profundas y relájate plenamente. Visualiza tu cerebro. . . Va llegando a él la energía que proporcionan los alimentos que consumes, la que le provee la respiración y la energía cósmica que tienes en tu aura. . . Visualízalas aunadas, nutriendo cada una de las zonas del cerebro. Contempla cómo la energía lo va llenando por completo.

A continuación irás descendiendo en tu visualización por la espina dorsal y viendo que esa energía llega a cada una de sus vértebras, para luego ir dirigiéndose desde allí a cada célula de todo el sistema óseo. Recorrerás entonces todas sus partes, hueso por hueso, comenzando por el cráneo, nutriéndolos uno a uno con la energía.

Te ocuparás entonces de lo que los recubre: los músculos y la piel, para alimentarlos con esa energía, vigorizando así cada célula de los tejidos que los conforman, recorriendo toda la masa muscular y las distintas capas de la piel.

Nutre íntegra y generosamente de energía tu sistema nervioso, célula por célula. . . visualízalo, siéntelo. Es una parte muy importante de ti, recórrelo velozmente, revisando todo el cuerpo para no dejar lugar sin energizar.

Ahora haz lo mismo con tu sistema respiratorio, comenzando por las vías aéreas superiores, pasando por los bronquios, pulmones y a partir de allí, expandirás tu energía llevando nutrición a cada célula del cuerpo, ayudado por el sistema circulatorio. Entonces te ocuparás ahora de él, de tu sistema circulatorio. Esa intrincada red de arterias, venas y capilares que llevan desde el músculo cardíaco, la sangre. Has de trabajar recorriéndolo siempre a gran velocidad, desde el corazón a la cabeza y de allí, pasando por todos los demás órganos hasta llegar a los pies; viaja por el torrente sanguíneo en su función de trasladar la energía a través de la sangre, haciendo que llegue a cada célula del organismo la nutrición y le ayude a eliminar los deshechos.

La misma tarea deberás realizar con el sistema glandular recorriéndolo órgano por órgano para fortalecerlo: son las denominadas pineal, tiroides, timo, páncreas, bazo, las suprarrenales, los ovarios en las mujeres, y los testículos y próstata en los varones. No olvides lo importante de su misión rectora en numerosas funciones del organismo y que son parte sustancial del sistema inmunológico.

No dejes de atender tu sistema auditivo y visual, que son muy importantes.

Ahora centra tu atención en el aparato digestivo y detente en cada uno de los órganos que lo conforman: la boca, la faringe, el esófago, el estómago, los intestinos y el ano. Visualízalos siempre de arriba hacia abajo y nutre cada una de sus células para que funcionen correctamente.

Si sientes dolor en alguna parte de tu cuerpo, visualiza la zona, y hazle llegar la energía que están necesitando sus células para que restablezcan su armonía y equilibrio. Es así como lograrás que vaya menguando el dolor hasta desaparecer. Despréndete de la energía negativa que se ha adueñado de esa zona de tu cuerpo y siente cómo el equilibrio energético recuperado te devuelve la salud.

Una vez que hayas finalizado tu trabajo, agrádesele a Dios que te haya permitido lograr y disfrutar de esta sensación de salud y bienestar. Abre los ojos lentamente sintiéndote mejor, mejor y mejor.

CAPÍTULO IV

El Aura

En base a lo expresado en el capítulo que antecede, es posible deducir que —sin lugar a dudas— el ser humano además del soma, su cuerpo en sí con una estructura fácilmente visible y palpable, tiene también otros cuerpos. Estos son intangibles y tampoco son visibles para la mayoría de sus congéneres, pues poseen una más alta vibración.

A lo que nos referimos cuando hablamos comúnmente de "el cuerpo", es al cuerpo físico. Pero el ser humano tiene además —y por encima de éste— una primera capa que lo recubre íntegramente: es lo que se denomina "cuerpo etérico" y es lo que le otorga vitalidad al cuerpo físico, pues están en él los chakras o vórtices y los meridianos de acupuntura. Inmediatamente y por encima, hay otras dos capas o cuerpos, denominados emocional y mental, considerados "cuerpos inferiores" para diferenciarlos de los llamados "cuerpos superiores", relacionados a las más sutiles energías y unidos a la más pura esencia del hombre sea cual fuere su personalidad.

Cada una de estas capas está íntimamente ligada al cuerpo que cubre y al otro que la envuelve, que está inmediatamente y por encima de ella. Para formarse una idea de su disposición baste con recordar aquellos juguetes de la niñez generalmente de madera o plástico, huecos, que tenían adentro otro que era igual, pero más pequeño, tal como los rusos tienen a sus famosas mamushkas.

Los cuerpos del aura

La superposición de estas capas que conforman al cuerpo produce un campo electromagnético en el cual se manifiesta la verdadera personalidad de quien lo genera. Es lo que se conoce como "aura". Su visualización —"ver" el aura— no es algo que esté al alcance de todas las personas, pero aquellas capaces de verla, acceden a un conocimiento profundo del individuo y pueden llegar a percibir estados de salud, evolución, intenciones y otras condiciones ligadas al pasado y al futuro del mismo. Reitero: no todos acceden a la información que está en el aura y son menos aún los que pueden obtener la mayor parte de ella; pero hay quienes pueden hacerlo.

Existen también elementos técnicos que ayudan en la investigación. El más difundido es la "electrofotografía Kirlian", que permite realizar un análisis energético cierto y acceder a manifestaciones de la personalidad que están ocultas aún para el propio individuo. A veces éstas tienen que ver con sentimientos, proyectos personales aún sin aflorar, estados de salud, temores, conflictos, habilidades o condiciones relacionadas con lo laboral y con terceros, etc. Quien tenga la oportunidad de recibir del pesquisante ese cúmulo de información sobre sí mismo, tendrá a su alcance las herramientas necesarias para corregir lo que en su vida deba ser corregido y la posibilidad de mejorar su salud, sus condiciones personales y de relación, con toda la significación que ello implica.

Podemos afirmar sin temor a equivocarnos que el ser humano es energía y que en cada manifestación de su soma, de su mente, de su personalidad, está emitiendo energía. Esa energía así emitida atraerá a otra que se halle en el Universo y que le sea afín. Para hacerlo fácilmente comprensible: las energías de una misma vibración -sea cual fuere- se contactan. Aquellas que uno emita y que sean positivas -como la alegría, el amor, la caridad, la bondad- al salir, engancharán a otras de su misma calidad y le retornarán multiplicadas. Pero como se recoge aquello que resulta de la semilla que se siembra, cuando se emiten energías de baja vibración como la ira, la maldad, la bronca, habrá que estar preparados para recibirlas. Uno debe tener presente en todos los actos de la vida, que quien siembra vientos, recoge tempestades: así es de cierto; ese es el efecto.

Las energías recibidas, sean positivas o negativas, se adhieren al cuerpo etérico, desarrollando su influencia en el individuo. Antes de ahora usted pudo o no ser conciente de esa acción, pero a partir de este momento, deberá prestarle atención y elegir qué pensamientos, qué sentimientos tendrá y desechar los que no sean buenos, para ser una mejor persona para sí mismo y para los demás.

¿Ha notado que la gente que es alegre usa ropas coloridas y está rodeada de otras iguales que ellas? Es porque sus energías son compatibles. ¿Ha visto que las personas malhumoradas o rezongonas no son elegidas para formar parte de ese entorno? Es porque no "vibran" igual, no tienen afinidad.

Entonces uno debe elegir cuál es el mundo en el que quiere vivir; qué grupo humano prefiere integrar; a dónde pertenecer. Aunque cueste creerlo, de ello también depende el enfermarse o no, el sanarse o no, estar solo o no, ser una persona valiosa o no.

Tal vez usted se preguntará por qué creer en la energía si es algo que no se ve a simple vista. Bien, aquí es donde debe invertirse el razonamiento: en vez de "ver para creer", "creer para ver".

La armonía o la enfermedad

Aquellas enfermedades que se apropian de la salud —salvo las de origen viral, infecciosas, las que se adquieren por contacto— no surgen de pronto, sin un proceso de gestación que se desarrolla en el organismo y que puede llevar un corto tiempo, días, o años. Ese proceso se origina en un estado inarmónico del organismo, que termina por producir un desequilibrio energético que se instala en él.

Los pensamientos y sentimientos negativos llevan al hombre a esa desarmonía que lo enferma, con mayor razón cuando son constantes o aparecen reiteradamente. Por ejemplo: si alguien está frecuentemente malhumorado, enojado, si siente que es una víctima de los acontecimientos, convencido de que la vida la trató mal; si cree que quienes lo rodean no son las personas indicadas para estar a su lado, o se siente poco querido por ellas, desvalorizado, falto de suerte y oportunidades, etc., sin que él se dé cuenta, estará generando en forma constante energías de baja vibración, las que, como ya lo expresé, se unirán a otras de igual calificación y le retornarán. Entonces, su enojo, su sentimiento de víctima o el que fuere, se habrá potenciado al igual que las sensaciones que lo acompañaban, reiterándose esto una y otra vez. Si así fuera, aparecerá una manifestación somática en forma de eczema, de tumor o cualquier otra. Cuando el individuo es incapaz de producir un cambio en sí mismo, este mal ya instalado en él, crecerá en forma proporcional a la cantidad de "energía densa" que continúe generando.

A partir de lo anteriormente expresado, será más fácil entender que el proceso de autosanación en el individuo está profundamente ligado a la capacidad y al deseo de producir cambios en su propia conducta que lo retrotraigan a su estado de la salud, haciendo desaparecer los condicionantes que propiciaron su enfermedad.

Las energías del hombre se evalúan de acuerdo a su grado de vibración: cuanto más alta sea su frecuencia, mejor se sentirá el individuo. Esto equivale a expresar que los pensamientos o sentimientos ligados a situaciones de enojo, rencor y similares son de baja graduación. En cambio los relacionados a la generosidad, a la alegría, al amor son de elevada frecuencia vibracional. Cuando un hombre que está transitando el camino a la enfermedad realiza un cambio en sus actitudes o en sus sentimientos, comenzará a desandar ese sendero. Los buenos pensamientos también ayudarán a lograrlo.

¿Por qué se produce esto? Porque al elevarse la frecuencia vibratoria de su energía se balancean sus valores, estabilizándose su cuerpo energético.

Es igual a lo que se observa cuando se aplican las técnicas de *imposición de manos*. Si alguien siente dolor y otra persona le impone sus manos, ese dolor cesará. ¿Por qué? Porque al hacerlo se transfiere energía, provocando el aumento en la frecuencia de la vibración. Cuando esa frecuencia es baja, produce dolor. Al incrementarla y vibrar alto, el individuo estará equilibrado, armónico y sin dolor.

La imposición de las manos es de gran ayuda. Es una técnica simple y que no requiere de accesorios, sólo de una buena persona con la debida preparación, bien intencionada y conciente del alcance de sus posibilidades, capaz de brindarse al semejante con generosidad suficiente como para ayudarle no solamente con su aporte de energía, sino también con una apoyatura simultánea, que impida la reiteración de las condiciones primeras que produjeron el malestar.

La foto Kirlian es un excelente medio de detección para prevenir, frenar y evitar la gestación y posterior establecimiento de la enfermedad en el cuerpo físico del individuo. Permite detectar, con una antelación de hasta seis meses, la presencia de alteraciones que posteriormente devendrán en una enfermedad, ya que estas se presentan en el "campo energético" con anterioridad a que se registre algún síntoma.

La polaridad

¿Y cómo sería revertir una emisión de energía "negativa"? Una de las siete Leyes Universales habla de la bipolaridad, de los polos opuestos de una misma cosa. Por ejemplo, en el clima lo son seco o húmedo, el frío y el calor. Es la cantidad, la graduación, lo que establece la diferencia. Igual es con otros opuestos: mayor o menor luminosidad da claridad u oscuridad, etc. De esto deducimos que para salir del frío hay que elevar la temperatura, para salir de la oscuridad, es necesario tener más luz. . . Y para salir de la tristeza, hay que subir algunos peldaños hacia donde está la alegría. Hay que subirse poco a poco a la alegría hasta polarizar la tristeza, lo que se logrará manteniendo una más alta vibración.

¿Es posible cambiar la emisión de energía negativa a positiva? La respuesta es sí, es posible.

Hay más de un ejemplo de la capacidad del ser humano de realizar estos cambios de estado, sobre todo en lo anímico. ¿Cuánto dura una pelea de enamorados? ¿Y el enojo de los padres con sus hijos? Poco, porque el amor es una de las más altas frecuencias vibratorias, el amor puede más que el enojo y el odio y los polariza al incrementar su grado de vibración.

Pero para poder luchar y vencer aquellos sentimientos, actitudes y pensamientos de baja vibración, uno debe conocerse muy bien a sí mismo, saber quién es el enemigo que vive en su interior, identificar claramente los conflictos internos para ponerle fin a la desarmonía, frenar el desequilibrio en gestación, bloqueando de este modo el tránsito a la enfermedad.

Esto es muy parecido a hacer prevención, porque es actuar antes para que el organismo no se enferme después.

Generalmente el cuerpo envía señales de que algo le está ocurriendo. No se deben ignorar estos mensajes, sino tomarse como luces intermitentes a atender en forma inmediata. Si lo hacemos ante los primeros síntomas, no pasará de ser un pequeño susto. Si no lo hacemos se convertirá en algo que, en el mejor de los casos, requerirá de un período de tratamiento y medicación que hubiese podido ser evitado.

Las energías del aura

Así como cada día al levantarse uno se higieniza con una ducha reconfortante, lava sus dientes, peina su cabello, etc., debe limpiar su aura. Este es un ejercicio que debe practicarse a diario, muy especialmente si uno sostiene diálogos con su fuero íntimo o tiene conflictos a resolver y en su proceso, se reiteran situaciones estresantes.

El mejor método de limpieza consiste en elevar la calidad de los pensamientos, apartando de la mente aquellos que son malintencionados y los que de algún modo producen inquietud o alteración, cambiándolos por otros que den tranquilidad o sean gratificantes.

También de este modo se refuerza y se reparan los daños que pudiera tener la integridad del aura. En tales condiciones actuará como si fuera una verdadera coraza de protección impenetrable a las malas intenciones o pensamientos equívocos de otras personas. Es el arma de defensa más segura y directa con que el individuo cuenta frente a energías negativas externas. Entonces resulta fácil de entender que sólo podrán actuar sobre uno, si uno lo permite. ¿Cómo? Dejándose ganar por los miedos, la inseguridad, dudando de las propias capacidades etc. En definitiva, bajando la guardia.

Pero no se deben dejar de aceptar las propias debilidades. Nadie está libre de ser golpeado por acontecimientos que le produzcan tristeza, que lo depriman anímicamente. Será en ese momento cuando deberá sacar fuerzas de su flaqueza para impedir que esos sentimientos lo dominen o se enquisten en uno.

Esto forma parte de un aprendizaje: aceptar las propias debilidades antes que reprimirlas y trabajar sobre ellas para cambiarlas. O dicho de otra manera, incrementar el nivel vibratorio de aquellos sentimientos, pensamientos o actitudes de baja graduación, mutando la polaridad de la energía. Hay numerosos recursos para hacerlo, como salir de la rutina variando lugares, horarios, colores; escuchar música o ver alguna comedia ligera, reunirse con personas de buen carácter, que no se toman los acontecimientos de la vida demasiado en serio; o acercarse a otras, activas, alegres, que transmitan su positivismo. Al principio será difícil, forzoso, pero después se borrarán las diferencias y se producirá un "enganche" con nuevas relaciones, y los cambios en las actitudes otorgarán otra óptica, otro lugar desde donde enfocar los problemas cuyas causas, poco a poco, se irán corrigiendo.

Hay ocasiones en que nos sentimos tristes o culpables sin razón aparente, ante lo cual comenzamos a buscar causas, razones, explicaciones, justificaciones a cada una de las situaciones, o a hacer lucubraciones sobre qué podría haber ocurrido si... O qué puede pasar si no... Esa actitud lo llevará a enredarse aún más, empeorando su estado.

Es frecuente que los sanadores acaben por contaminarse y consecuentemente desarmonizarse debido a la influencia de las energías negativas de las personas que trataron. De acuerdo a mi experiencia, no debería ser así. Para evitarlo, es necesario que el sanador sepa cómo protegerse y que debe trabajar siempre desde los cuerpos superiores.

¿Qué expreso con esto? Que conviene que el sanador trabaje desde la personalidad, con actitudes que podrían ser por ejemplo, ayudar a la persona a integrarse a grupos de gente que hayan pasado por situaciones similares, sentirse en capacidad y posición de aportarle algo a los demás sin juzgar la enfermedad ni temerle al contagio.

Habrá veces en que el sanador, por las características de la problemática de su consultante, reviva acontecimientos que le son propios. Si eso ocurre, debe reforzar inmediatamente su protección, para evitar que, al hacer la imposición de manos, en una relación de ida y vuelta, las energías de baja vibración que emergen de la persona que está atendiendo, penetren en su aura.

Entonces, como nadie está libre de engancharse emocionalmente, es mejor prevenir. Si ha de atenderse a cualquier persona, cercana o no, conviene previamente pedir *protección* y, una vez concluida la sesión, realizar un ejercicio para limpiar el aura.

Cuando se actúa en cuerpos superiores, contactándose con aquellos planos que son de la más alta vibración, el sanador estará haciéndolo desde la personalidad, y de por sí mucho más protegido frente a las energías cuya vibración está por debajo.

En estos casos no entrarán en juego las emociones comunes, sino el amor, sentimiento de mayor pureza que, cuando se manifiesta, impide a toda energía negativa penetrar el aura.

En la Tierra existe una especie de cuadrícula energética. Estas energías telúricas que atraviesan el planeta son de ambos signos: unas positivas y otras negativas. Algunos estudiosos sostienen que los cruzamientos de líneas energéticas de distinto signo influyen negativamente sobre la salud y el ánimo de las personas que allí se encuentran, y que para neutralizar tales efectos existen mallas o paneles especiales para ser colocados en los lugares de reposo o descanso, ya sea debajo de la cama, sillones, etc. Pero, no hay que obsesionarse con esto, sólo prestarle atención y resolver de qué manera se puede controlar la incidencia que la negatividad pudiera ejercer sobre uno mismo, atento a que el hombre pertenece a un mundo que existe gracias a la bipolaridad.

Otra opción —independiente de la utilización de las mallas o paneles— es expandir el aura y luego pedirle a los Ángeles que ayuden a consolidar una "caparazón" que impida el acceso de influencias negativas mientras uno descansa o duerme, cuando se producen hechos sobre los cuales no es posible ejercer control alguno.

Criticar y juzgar

Con la finalidad de mantener su aura limpia, el individuo debe mejorar su comportamiento, desterrando de sus hábitos la crítica, maliciosa o no, que no le aporta beneficios ni a quien la hace ni a quien a quien va dirigida.

Además de la crítica destinada a quienes nos rodean, tenemos la autocrítica, cuyo blanco es uno mismo. Cuando esta autocrítica es condescendiente, no sirve, no construye, no mejora, sólo disculpa y justifica. Tampoco sirve cuando es dura, dolorosa, flagelante, ya que podría provocar sentimientos como el enojo, energía de muy baja vibración que indudablemente perjudica.

Entonces será necesario realizar un aprendizaje para establecer un justo medio. Habrá que transitar un camino de errores y de aciertos, de avances y retrocesos, de marchas y contramarchas, y a veces de borrón y cuenta nueva. Será difícil pero valdrá la pena, porque de ese aprendizaje resultará una mejor persona.

Algo similar a lo antedicho ocurre cuando alguien emite un juicio sobre terceras personas o sus actos. ¿Quién tiene la verdad? ¿Qué es la verdad, dónde está? Este es un mundo relativo donde lo que es verdad para unos no lo es para otros, lo que tiene sentido para unos no lo tiene para otros. Uno, frente a otro individuo ¿puede decirle tal objeto está a la derecha?, ¿a la derecha de quién? Su derecha no es igual a la de uno. ¿Alguien puede decir que está inmóvil, detenido? No, los fluidos circulan en el cuerpo, el corazón late, y por fuera, la Tierra gira y rota y el ser humano también lo hace con ella.

Es por eso imposible afirmar que las acciones de los demás son buenas o malas. Tal vez el más ruin de los hombres esté realmente convencido de lo justo de sus actos y encuentre que sus razones son fundamentadas. Esta es "su" verdad y para él está bien, aunque a otros les parezca que está mal. ¿Qué habrá más terrible que la guerra? Indudablemente que, en la mayoría de ellas, cada una de las partes contrincantes considera tener razones para llevarla adelante: quien ataca porque cree justificado su ataque y quien se defiende, porque es justo defenderse y repeler el ataque, que para él es injusto. Pero en algunos casos se ha visto que el transcurso del tiempo, la conciencia de hombres mejores, la influencia de mentes esclarecidas y espíritus elevados, religiosos o laicos, finalmente han limado asperezas y aquellas razones, que parecían valederas, terminaron siendo reconocidas como errores.

De estos errores y para evitar las luchas con su propio yo, el hombre debe aprender a ser prudente en sus opiniones y cuidadoso al emitir su juicio. Mejor le hará a su espíritu la comprensión de los actos de los demás que su juzgamiento. Lo primero contribuirá a elevar su vibración, mientras que lo segundo le agregará peso, haciéndola más densa.

Esto quizás sea difícil de aceptar y comprender para una mente altamente racional y su pensamiento estructurado, pero a medida que vaya conectándose con la mente superior a través de la bondad de su corazón, podrá abrirse cada vez más a la comprensión.

Limpieza del aura

Busca un lugar tranquilo. Siéntate cómodamente, cierra los ojos y comienza a respirar en forma lenta y profunda varias veces.

Imagina que el aire es Luz y que al entrar en contacto con tu corazón, éste se enciende como un gran faro que empieza a iluminar todo tu cuerpo físico por dentro.

A medida que sigues respirando, la luz sigue creciendo, excediendo los límites de tu cuerpo físico y creando un "globo de Luz" que te contiene.

Vas a imaginar entonces que a medida que la luz crece y fluye desde tu corazón, tu *yo real*, va desplazando hacia afuera todo aquello que pudiera haber como sensación o pensamiento de baja vibración, dejando a tu globo de luz blanca, brillante y resplandeciente.

Le darás un agradecimiento a Dios y abrirás los ojos lentamente. A medida que lo hagas irás sintiéndote totalmente relajado, feliz y protegido.

Recomiendo hacer este ejercicio por lo menos una vez al día. Durante el resto del tiempo puedes lograr sostener su efecto recordando que desde tu corazón continúa surgiendo luz, expandiendo así constantemente tu aura. Esto ayudará a incrementar el grado de vibración y por lo tanto a convertirte en una persona positiva, y sin temores.

CAPÍTULO V

Los Chakras

Chakra es una palabra del sánscrito y significa rueda. El cuerpo tiene en su conformación un gran número de estas ruedas, de las cuales siete son conocidas como los chakras principales o mayores, y veintiuno como los chakras menores o secundarios. Estos últimos son más pequeños que los primeros y se sitúan en los puntos de entrecruzamiento de los ramales de energía. Su dimensión es de unos siete centímetros. y se encuentran también en las palmas de las manos y en las plantas de los pies.

Las "ruedas" o "chakras" no pertenecen al cuerpo físico, sino que están distribuidas en el plano astral o espiritual. Tienen estrechísima correspondencia con determinadas partes del organismo, con las que mantienen concordancia, como se verá más adelante.

Los chakras son además como pequeñas puertas que permiten el contacto de unas energías con las otras. Para mejor visualizarlos, debe concebírselos como si fueran antenas emisoras y receptoras de información. Será fácil comprender entonces, que la aparición de un problema se debe a que una o varias de esas antenas se estropean y por lo tanto comienzan a recibir o a emitir en forma distorsionada.

Los chakras se van desarrollando a medida que el ser humano madura. Cada uno de ellos representa una pauta psicológica distinta y evoluciona en la vida del individuo a través del flujo energético natural. Los chakras se bloquean cuando la energía no circula a través de ellos en forma naturalmente fluida, taponándolos, o bien quedan atascados cuando giran alteradamente de manera irregular o en sentido contrario a la dirección de las agujas del reloj. Cuando los chakras funcionan correctamente, cada uno de ellos se abrirá y girará en tal sentido para absorber y aprovechar la energía que proviene del Universo.

Cuando el chakra gira en el sentido contrario, la corriente energética sale desde el cuerpo, interfiriendo con su metabolismo. En ese caso se dice que el chakra está cerrado a las energías que provienen del exterior.

Los chakras también tienen la capacidad de proporcionarle al individuo, a través de la energía que metabolizan, información referida al mundo exterior.

¿Cómo abrir los chakras?

Cada ser humano tiene siete chakras de importancia: se los califica de "mayores". Durante el tratamiento con energía, ésta debe dirigirse al chakra y esperar que desde él la energía vaya al órgano enfermo y a sus músculos para liberarlos de la tensión asociada en ellos. Pero, cuando la tensión adicional está ubicada entre el chakra y los músculos del órgano asociado, entonces es necesario liberar en primer lugar esa tensión, de lo contrario la energía vital no llegará al órgano desde el chakra mayor, sino que será aprovechada por la tensión intermedia ubicada en el camino. De esto se desprende que, cuando se habla de la apertura de los chakras, se hace referencia a la "eliminación de la tensión intermedia" en el cuerpo que hay entre el chakra, su órgano correspondiente y las glándulas asociadas. Esto se logra orientando la energía durante algún tiempo en dirección al chakra, lo que eliminará la tensión intermedia.

Así, la apertura de los chakras resulta ser un tratamiento preliminar de energía, que asegura que el camino que va del chakra mayor al órgano enfermo esté libre de obstáculos (tensión), para que de este modo el órgano, sus músculos tensos y las glándulas con ellos relacionadas, puedan beneficiarse de la energía vital. Sin embargo, la apertura de un chakra específico no apunta a eliminar solamente un obstáculo entre el chakra y el órgano, sino también a curar en un mismo acto esa parte del cuerpo, comenzando en el chakra y hasta llegar al órgano y las glándulas.

Se dice que un chakra está "cerrado" cuando se advierten diferencias en los niveles de tensión registrados entre la mayor parte de las regiones del cuerpo. Esto es, por supuesto, previo a la realización de un tratamiento con energía. Algunas personas "internalizan" sus emociones, lo que se refleja predominantemente en el área del estómago (plexo solar), y se podrán verificar allí la existencia de más altos niveles de tensión. Pero eso no significa que no haya tensión en otros lugares.

También es posible que se registren al mismo tiempo niveles de más baja tensión en otros órganos y partes del cuerpo, como en la espalda, la espina dorsal, el tórax, los órganos sexuales, etc. El tratamiento con energía puede realizarse igualmente en esos casos. Más aún, es recomendable hacerlo porque permite llevarlos a su armonía. Tratar igualmente el cuerpo aunque esté aparentemente sano, es ayudarlo a liberarse de tensiones acumuladas, ejercitando de este modo la prevención de las enfermedades.

Una vez abiertos los chakras, ¿pueden volver a cerrarse?

La eliminación de la tensión en las vías de los órganos del cuerpo como resultado de la apertura de los chakras no significa que quedarán libres de ella por siempre. Si la persona continúa reaccionando con emociones negativas prolongadas a las perturbaciones externas, aferrándose a ellas, no estará en posición de enfrentarlas ni de luchar en su contra.

El acondicionamiento continuo entre las emociones no liberadas y la tensión asociada resultará naturalmente en más tensión en el cuerpo, así, no sólo los chakras podrán cerrarse de nuevo, sino que también los órganos curados se podrán volver a enfermar. Por lo tanto, como parte de la prevención, se considera realmente necesario el frecuente empleo de técnicas energéticas sumadas o no a algún basamento espiritual. Este último actuará como moderador o filtro cuando el individuo se involucre emocionalmente, limitando las posibilidades de nuevas tensiones.

Los chakras mayores

Los siete chakras principales son los que ejercen la mayor influencia energética sobre la vida y la salud del individuo y son capaces de producir en él cambios funcionales con gran facilidad. A continuación se podrá conocer su denominación, cómo funcionan y con cuáles órganos del cuerpo están directamente relacionados.

Primer Chakra: Base

Órganos

Es el soporte físico del cuerpo. Base de la columna vertebral. Piernas, huesos, pies. Recto. Sistema inmunitario.

Mente y emociones

Seguridad física de la familia y el grupo. Capacidad para satisfacer las necesidades vitales. Capacidad de valerse por sí mismo. Integración grupal.

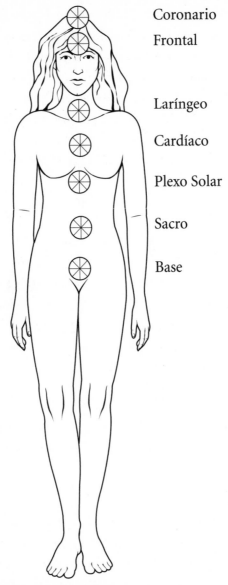

Coronario

Frontal

Laríngeo

Cardíaco

Plexo Solar

Sacro

Base

Figura 1: Los siete chakras mayores

Disfunciones físicas

Dolor crónico en la parte baja de la espalda, ciática, várices, tumores o cáncer rectal, trastornos relacionados con el sistema inmunitario, depresión.

Segundo chakra: Sacro

Órganos

Órganos sexuales, intestino grueso, vértebras inferiores, pelvis, apéndice, vejiga, zona de caderas.

Mente y emociones

Acusación y culpabilidad. Dinero y sexualidad. Poder y control. Creatividad, ética y honor en las relaciones.

Disfunciones físicas

Problemas obstétricos o ginecológicos. Dolor en la pelvis o en la región lumbar. Potencia sexual, problemas urinarios y de próstata.

Tercer chakra: Plexo Solar

Órganos

Abdomen, estómago, intestino delgado, hígado, vesícula biliar, riñones, páncreas, glándulas suprarrenales, bazo, parte central de la columna vertebral.

Mente y emociones

Confianza, temor e intimidación; estima y respeto propios, confianza y seguridad en uno mismo, cuidado de uno mismo y de los demás, responsabilidad en la toma de decisiones, sensibilidad a las críticas, honor personal.

Disfunciones físicas
Artritis, úlceras gástricas o duodenales, afecciones de colon e intestinos, pancreatitis/diabetes, indigestión crónica o aguda, anorexia o bulimia, disfunción hepática, hepatitis, disfunción suprarrenal.

Cuarto chakra: Cardíaco
Órganos
Corazón y sistema circulatorio, pulmones, diafragma, glándula timo, hombros y brazos, costillas/pechos.

Mente y emociones
Amor, odio, rencor, amargura, dolor, ira, egocentrismo, soledad, compromiso, perdón, compasión, esperanza y confianza.

Disfunciones físicas
Angina de pecho, ataque cardíaco, prolapso de la válvula mitral, ensanchamiento anormal del corazón, asma, alergias, cáncer de pulmón, neumonía bronquial, cáncer de mama, cervicales, hombros.

Quinto chakra: Laríngeo
Órganos
Garganta, tiroides, tráquea, vértebras cervicales, boca, dientes, encías, esófago, paratiroides, hipotálamo.

Mente y emociones

Elección y fuerza de voluntad, expresión personal, realización de los sueños, juicio y crítica, fe, conocimiento, capacidad para tomar decisiones.

Disfunciones físicas

Ronquera, irritación crónica de la garganta, úlceras bucales, afecciones en las encías, afecciones temperomaxilares, escoliosis, laringitis, inflamación de los ganglios, trastornos tiroideos.

Sexto chakra: Frontal (tercer ojo)

Órganos

Cerebro, sistema nervioso, ojos, oídos, nariz, glándula pineal, glándula pituitaria.

Mente y emociones

Autoelevación, verdad, capacidades intelectuales, buena opinión de sí mismo, receptividad a las ideas de los demás, capacidad de aprender de la experiencia, inteligencia emocional.

Disfunciones físicas

Tumor cerebral, derrame, embolia, trastornos neurológicos, ceguera, sordera, trastornos de columna vertebral, problemas de aprendizaje, epilepsia.

Séptimo chakra: Coronario

Órganos

Sistema muscular, esqueleto, piel.

Mente y emociones

Capacidad de confiar en la vida, valores, ética y coraje, humanitarismo, generosidad, visión global, fe e inspiración, espiritualidad y devoción.

Disfunciones físicas

Trastornos energéticos, agotamiento crónico no relacionado con una dolencia física, extremada sensibilidad a la luz, al sonido y a otros factores ambientales.

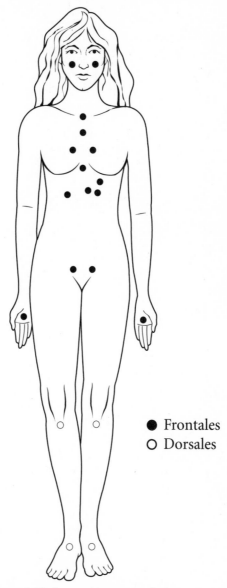

Figura 2: Chakras menores o secundarios

CAPÍTULO VI

Radiestesia y uso del péndulo en la sanación

La radiestesia fue así denominada por el abate Alexis Bouly (siglo XX, alrededor de 1930). Viene de los vocablos *radius*, que significa radiación; y *aisthanomai* o *aisthesis* que significa sentir, sensibilidad. Por ende, es el arte de percibir ciertas radiaciones que la percepción ordinaria no logra. Al captar las radiaciones más sutiles que emiten los cuerpos, el hombre puede encontrar las respuestas a sus dudas en diversos campos.

En su búsqueda, y a través de las distintas épocas, el ser humano se ha valido de ella para despejar dudas, tomar conocimiento de sus capacidades, indagar sobre su origen cósmico, explorar terrenos para hallar soluciones a necesidades de subsistencia —de agua, minerales, etc.—; y muchas cosas más, algunas de las cuales iremos viendo en este capítulo.

Su origen se remonta al despertar del hombre y su práctica más conocida ha sido la llamada "rabdomancia", que permite percibir, a través de un instrumento, las radiaciones o vibraciones que emiten los distintos cuerpos o alguna forma de energía que tratamos de hallar. Cinco mil años antes de Cristo, los egipcios utilizaban lo que en la Biblia se menciona como *palo ligero de los egipcios,* con el cual detectaban la existencia de agua a muchos metros de profundidad.

La radiestesia es parte de la radiónica, una disciplina referida a la dirección y el control de la energía a la distancia. La rama que se ocupa de la curación a distancia se denomina tele-curación.

Como dije anteriormente, en la radiestesia el hombre se vale de instrumentos. Los más utilizados son algunas varillas de distintos materiales o el péndulo. Las primeras han sido —y en algunos lugares todavía son— usadas para buscar agua, minerales, elementos enterrados o en corrientes de agua, etc. En cambio el péndulo es menos específico y su aplicación de más amplio espectro.

Tanto la energía como la materia —que también es energía— emiten vibraciones que el ser humano registra porque siente y piensa como una unidad. Por lo tanto es capaz de captar la diferencia en las vibraciones cromáticas —colores—, en los tonos sonoros y otros, como por ejemplo, en la profundidad.

Un hecho auspicioso para la realización de prácticas de radiestesia que se produjo en la Universidad de Salzburgo a finales del siglo XVIII, es la utilización del péndulo como instrumento en el diagnóstico médico en los enfermos.

Sin embargo, la radiestesia, debido a su indiscutida subjetividad, también tiene sus tropiezos. Expresa el profesor Juan Carlos Russo en su trabajo *Los escollos y dificultades en la disciplina rediestésica* que, según lo explica el Prof. Raúl de la Rosa, de Valencia, España en su libro *Geobiología, medicina del hábitat*, la radistesia es "un fenómeno psíquico producto de la capacidad natural del ser humano de obtener información a través de su inconsciente de forma voluntaria y consciente".

Las personas que pertenecen a la llamada cultura occidental, han puesto mayor énfasis en cultivar y desarrollar las funciones cerebrales relacionadas al hemisferio izquierdo —lo racional— y por lo general se han ocupado mucho menos de atender al desarrollo de las funciones del hemisferio derecho, que está relacionado con las cuestiones más sutiles del intelecto, como lo son la intuición y la percepción.

Como esto se da desde los primeros años de la niñez, el hemisferio derecho del cerebro no se desarrolla en igual medida que el izquierdo y es eso lo que dificulta el manejo de algunas capacidades como la práctica de la radiestesia. Con menor o mayor dificultad, toda persona capaz de concentrar su pensamiento está en condiciones de hacerlo. Se requiere —como todo— de un aprendizaje basado en un entrenamiento simple y racional, y luego de una práctica metódica: practicar y probar, practicar y probar, hasta lograrlo. Además se debe contar con la convicción o seguridad de poder hacerlo: el mayor escollo lo pone la propia mente si continúa bloqueada a este conocimiento.

Son muchas las causas que ponen en duda la veracidad de las respuestas de los instrumentos usados por los radiestesistas y su interpretación. Y también hay factores que pueden intervenir para alterar los resultados: los externos —por ejemplo, el clima— y otros que están relacionados al operador y al entorno, entre los que se pueden reconocer:

- **Los "parásitos"**, frecuencia de ondas producidas por otros cuerpos al momento de la investigación.

- **La comunicación del pensamiento.** Teniendo en cuenta que quienes practican esta disciplina son personas de fina sensibilidad, puede ocurrir que, al momento de realizar la tarea, los deseos, pensamientos o percepciones de terceros interfieran en su interpretación de la respuesta obtenida, alterándola. Esto determinará una falla en el resultado, por lo que recomiendo que trabajen solos. Si quienes presencian el trabajo no están de acuerdo con la metodología o descreen de la obtención de una respuesta a través del péndulo —especialmente si ésta difiere del resultado por ellos esperado— el radiestesista, con mucho tacto, debe no permitir su presencia mientras esté trabajando y operar preferentemente en soledad, salvo en aquellos casos en los cuales sea conveniente resguardar valores morales y éticos o intereses económicos.

- **La autosugestión,** que se produce en base a una idea preconcebida anteponiéndose e interponiéndose a la respuesta dada por el instrumento utilizado, puede llevar al radiestesista a cometer errores. Si ello ocurriere, y el operador se enfrenta a la convicción de que conoce anticipadamente todas las respuestas que va a obtener de su péndulo, debe ser objetivo y abandonar la práctica hasta que las condiciones estén dadas para volver a empezar.

- **El desequilibrio momentáneo del estado psíquico del radiestesista,** producido por el uso de medicamentos, la fatiga, la ingesta abundante o el consumo de alcohol, alteraciones en su estado anímico, etc. Al igual que en el caso de la autosugestión, conviene no hacer investigaciones hasta que su organismo se recupere. Es por eso que es tan importante que el radiestesista lleve una vida ordenada y una alimentación sana.

- **Los síncopes radiestésicos,** originados por la interrupción momentánea de las capacidades y reflejos en el operador, producens la neutralización de la sensibilidad necesaria para llevar a buen término la investigación.

La radiestesia fue aplicada en Europa por los ejércitos beligerantes durante la Primera Guerra Mundial (1914–1918) en la localización de minas.

También algunos departamentos de policía contratan a radiestesistas para que colaboren con ellos en localizar objetos, personas, etc. Igualmente en el campo de la ingeniería participan los radiestesistas en la localización de fallas, yacimientos, etc.

Los instrumentos utilizados habitualmente en la práctica de la radiestesia son:

1. Los péndulos.

2. Las antenas dinámicas o varillas giratorias.

3. Las varillas rígidas.

4. Instrumentos electrónicos.

Se aplica el péndulo para:

• Diagnosticar dolencias y problemas.

• Determinar las terapias y la medicación adecuadas.

• Establecer la duración de los tratamientos como así también la frecuencia y dosificación con que han de suministrarse los medicamentos.

Armado del péndulo

El péndulo se puede hacer con un objeto que tenga unos gramos de peso —un anillo, un cairel de vidrio, etc.— que pueda ser suspendido de un hilo preferentemente de seda, de aproximadamente veinte centímetros.

Es un instrumento de exploración, de conocimiento y no un instrumento mágico, es por eso que no existen en realidad normas preestablecidas para realizarlo. Las características mencionadas en el párrafo anterior pretenden orientar al usuario y lograr un adecuado funcionamiento, particularmente si la persona es principiante. El hilo de seda es un magnífico conductor y el peso adecuado del objeto pendiente contribuirá a un mejor resultado.

Como ya lo he expresado, todos lo seres humanos poseen, en mayor o menor grado, la habilidad necesaria para ejercitar la radiestesia. Lo demás será el deseo de hacerlo, la constancia y voluntad de practicar una vez que posea un péndulo.

Algo que no quiero dejar de expresar es que el radiestesista debe establecer con *su* péndulo una íntima relación y hacerlo propio y personal, probar hasta sentir que es el adecuado desde el momento mismo de su armado, pues, seguramente lo acompañará durante su vida. Es por eso que los elementos que lo conformen deben ser personalmente elegidos y por él determinados, tanto la longitud del hilo como el peso y material del pendiente. Cuando todo esté listo, marcar con un nudo el largo del hilo: será inmediatamente por debajo de él que se tomará el péndulo para trabajar, dejando el hilo remanente en el hueco de la mano.

A partir de ahora el péndulo es de uso personal. Tiene la energía que absorbió de quien lo ideó, lo creó y lo opera y se identifica con esa persona. Nadie más que ella debe utilizarlo. Si eventualmente otra lo hubiere tenido, hay que sumergirlo algunas horas en un vaso con agua y tres cucharaditas de sal antes de utilizarlo.

Llevar el péndulo con uno mismo, envuelto o dentro de una bolsita de paño preferentemente rojo, es una saludable costumbre, un estar disponible ante cualquier requerimiento.

Tipos de péndulos

Hay varios, pero recomiendo alguno de los siguientes:

- *Péndulo de cristal:* este tipo ofrece para la mayoría de las personas una mejor percepción en su trabajo. Para la realización de detecciones de chakras u órganos desarmonizados, es recomendable el uso de cristales de cuarzo.

- *Péndulo con recipiente para guardar testigos:* este tipo de péndulo, cuenta con un lugar en su interior en el cual es posible depositar una pequeña muestra del elemento a buscar. Éste será el *testigo* para obtener información. Por ejemplo: Si se cree que una persona tiene una hemorragia interna, se puede utilizar como instrumento de exploración un péndulo testigo, colocando unas gotas de la sangre del paciente en su interior para luego, ir recorriendo con él su cuerpo, hasta determinar la ubicación de la zona afectada. Aquí es necesario recalcar que al estar trabajando sobre la energía, es muy importante el buen estado anímico, la estabilidad emocional y el aplomo del radiestesista al utilizar el péndulo. Debe sentirse tranquilo, relajado y, si lo cree conveniente, puede recurrir al apoyo que la música le pueda brindar.

Utilización del péndulo

Quiero hacer algunas consideraciones previas. Como ya lo he expresado, todos lo seres humanos poseen, en mayor o menor grado, la habilidad necesaria para ejercitar la radiestesia. Lo demás será el deseo de hacerlo, y la constancia y voluntad de practicar una vez que posea un péndulo.

Usar el péndulo no es difícil. Como todo el aprendizaje, requerirá de algún tiempo y de prácticas reiteradas hasta "tomarle la mano". Convendrá atender las siguientes indicaciones que son verdaderamente necesarias:

- Buscar un lugar tranquilo en el que se disponga de una mesa, una silla, el péndulo y una hoja de papel blanco. Debido a que cada color tiene su propia vibración, cada uno de ellos posee distinta carga magnética, una emisión de onda diferente independientemente de que sus condiciones de absorción o recepción difieren. Es por ello que hago hincapié en que el color de la hoja de papel debe ser blanco: sólo él garantiza la neutralidad y el aislamiento.

- Sentarse a la mesa en una postura que sea lo más cómoda posible y con ambos pies apoyados en el suelo. Se toma el hilo que sostiene al péndulo entre los dedos índice y pulgar de la mano más fuerte —será la derecha en los diestros o la izquierda en los zurdos— según lo indiqué.

- Se apoya sobre la mesa el puño cerrado de la mano contraria a la que sostiene el péndulo —como si apretara un vaso— y sobre él —de costado— la que lo sostiene. Luego, hacer que el extremo del colgante toque la hoja de papel blanco. Quien trabaje con el péndulo debe relajarse, hacer una pequeña oración y tratar de pensar sólo en lo que hace. O bien tratar de lograr un *vacío mental*. En esa condición y totalmente concentrado dará inicio a su tarea levantando algunos centímetros el péndulo con un movimiento muy suave, para despegarlo de la hoja de papel.

• Luego de algunos segundos y por intermedio de la propia energía que *aflora* de sus ojos y de la yema de sus dedos, comenzará a *empujar* el péndulo logrando que se mueva, primero, de adelante hacia atrás; después en forma de círculo, haciendo que gire en el sentido que lo hacen las agujas del reloj; y luego en el sentido inverso, anti-horario. Conviene también practicar haciendo movimientos de derecha a izquierda.

• Al péndulo hay que hacerlo trabajar exclusivamente con el impulso eléctrico que emite el cerebro y que llega a través de canales mencionados: los ojos y los extremos de los dedos.

Cómo determinar si la respuesta dada por el péndulo es positiva o negativa

Tomar unas cuantas hojitas iguales de cartulina y escribir al dorso de algunas de ellas el signo (+) positivo y en las restantes el signo (-) negativo. Mezclarlas y colocarlas sobre la mesa con los símbolos boca abajo.

Relajarse, apoyar el péndulo sobre esas cartulinas, cerrar los ojos e interrogar mentalmente al péndulo con frases concretas. Por ejemplo: ¿el signo en esta cartulina es positivo?

Luego se levanta el péndulo un par de centímetros, se abren los ojos y se espera su movimiento. Esto se repetirá con cada hojita y se irán apartando aquellas que provocaron el mismo giro o vaivén. Recuerde tomar nota. ¿Cómo se determinará la respuesta? Se comparan aquéllas sobre las cuales el péndulo se movió en determinado sentido. Si tienen el mismo signo, se habrá descubierto con cuál movimiento el péndulo indica SÍ (+) y con cuál indica NO (-). Generalmente da como resultado SÍ (positivo) cuando gira en el sentido de las agujas del reloj, y NO (negativo) si lo hace en sentido contrario.

Repitiendo este sencillo ejercicio se podrán obtener cada vez más aciertos en las respuestas. Un grado muy alto de ellos, es del rango de un setenta a ochenta por ciento, siendo en estos casos, notable la confiabilidad en la respuesta.

Al inicio de una práctica o un trabajo con el péndulo conviene pedirle a éste su venia. Será una manera de obtener de él la respuesta correcta.

Si en alguna oportunidad la pregunta fuera efectuada en forma incorrecta, la respuesta será de dudosa validez. En tal caso habrá de hacerse la consulta nuevamente de forma tal que pueda tenerse una respuesta libre de errores: el péndulo sólo responde por sí o por no.

Ocasionalmente el péndulo puede variar el sentido de su giro u oscilación, lo que producirá un cambio en su respuesta. Si bien esto no ocurre habitualmente, habrá que estar preparados para adecuarse a tal circunstancia.

La conexión absoluta entre el radiestesista y su péndulo está establecida por un acuerdo mental: es un convenio tácito que permite al primero otorgarle determinados valores o significados a los movimientos del segundo.

Para establecer por vez primera ese acuerdo mental, con lo que llamaremos lo "positivo", sostendremos el péndulo en la posición anteriormente descrita y pensaremos en las siguientes palabras: sí, bueno, más, positivo, salud, repitiéndolas todo el tiempo que sea necesario hasta lograr que el péndulo se mueva en alguna dirección. Tomar debida nota de la respuesta.

Una vez logrado el acuerdo con lo "positivo" debe obtenerse un segundo acuerdo con lo "negativo". Se logrará de igual forma que el anterior, esta vez utilizando las palabras: no, malo, menos, negativo. También como se hiciera anteriormente, se deben anotar las respuestas del péndulo.

Entonces se estará en condiciones de establecer el acuerdo mental de "duda", lo que se hará con las palabras: quizás, posible, tal vez, no sé.

Y para finalizar repito: se puede afirmar que la mayoría de las personas tienen la capacidad suficiente para desarrollarse como radiestesistas. Es bajo el porcentual de ellas que no logra manejarse con el péndulo, lo que en la mayoría de los casos se debe a que el interés en hacerlo es escaso o a algún grado de apatía o negatividad. Vale reiterar que no hay nada que la mente no sea capaz de hacer si se acciona con voluntad y perseverancia. Confío en que mis lectores encontrarán así las ansiadas respuestas a tantas dudas que los inquietan.

Detectar anomalías en el cuerpo humano con el péndulo

Ejercicio

La persona que se halla desarmonizada se acuesta sobre una camilla y tú te ubicas de pie a su lado con el péndulo en mano. Cierras tus ojos y tomas varias inspiraciones profundas para relajarte. Mantente así por unos minutos.

Cuando sientas que estás relajado, abres los ojos y comienzas a trabajar con el péndulo a partir de la cabeza del paciente. Interrogas mentalmente al péndulo: ¿Cuál es la zona afectada de esta persona? —o das su nombre—. Levantas el péndulo muy suavemente unos pocos centímetros y lo dejas que gire libremente. Continúas procediendo a recorrer el cuerpo parte por parte hasta llegar a los pies.

Cuando al girar, el péndulo da positivo, es porque has encontrado el área o las áreas desarmonizadas en ese organismo.

Entonces, tomarás nota de la información obtenida y luego darás las gracias a Dios.

Importante

No reveles el resultado de la visualización, salvo en el caso de que algún profesional de la salud solicite tu colaboración.

CAPÍTULO VII

Gemas y cristales de cuarzo

Su utilización por las distintas culturas

La civilización egipcia, considerada una de las culturas más avanzadas, recibió de los Atlantes, entre otros, conocimientos secretos astronómicos, matemáticos y esotéricos.

Ellos utilizaban gemas, cristales y otros minerales para la ornamentación de sus faraones, reinas y sacerdotes; predecir el futuro; iluminar el camino de sus muertos hacia la eternidad, colocándolos dentro de los sarcófagos; usos medicinales, entre otras costumbres.

Legendarias historias cuentan que Merlín el Mago poseía una de estas varas de poder con punta de cuarzo y esferas de cristal, de las que se valía para predecir el futuro.

También el Rey Arturo, según cuenta la historia, en sus gestas llevaba una espada denominada "Excálibur", cuya empuñadura poseía un cristal de cuarzo.

Se cree que el astrólogo y médico francés Michel de Nostre Dame, más conocido como Nostradamus, tomó de la tecnología Atlante los instrumentos secretos que determinaron la exactitud de sus profecías.

Relata la historia que Nostradamus disponía de una esfera de cristal de tamaño considerable a la que colocaba sobre un trípode de cobre, y que además poseía una vara de poder que utilizaba para incrementar la energía de esa esfera y así visualizar sus predicciones.

En América, las culturas Azteca, Maya e Incaica, utilizaban cristales de cuarzo entre sus objetos ceremoniales y de medicina "chamánica" para diagnosticar y curar enfermedades. Aplicaban también los cristales de cuarzo en hechicería y como elemento de predicción y comunicación telepática. Según cuenta su historia, con un cristal de cuarzo podían llegar a comunicarse con otras culturas lejanas para intercambiar conocimientos.

Algunos indígenas llevaban un cristal de cuarzo o una gema sobre la frente, adherida a su vincha, a la altura del "Tercer Ojo". Este cristal poseía un vértice orientado hacia el entrecejo y con él lograban enviar mensajes telepáticos a personas de otros lugares. Los indígenas enfocaban hacia la luna de manera intuitiva, logrando de este modo la reflexión de la onda emitida.

En sus rituales mágicos, un grupo de ellos se reunía en círculo alrededor de un gran cristal y realizaban movimientos de balanceo a la vez que emitían sonidos de gran vibración para convocar a los grandes espíritus.

El uso de cristales, durante mucho tiempo, fue considerado como prácticas propias de antiguas culturas como la egipcia, fenicia, celta e indígena, especialmente entre los chamanes. La ciencia hoy día está revalorizando la aplicación, utilidad y funcionamiento de los cristales de cuarzo en su papel de transmisores y receptores de energía, pues son muy precisos y exactos. Es por ello que se usan tanto en un pequeño reloj como en sofisticados aparatos de electrónica, satélites, naves espaciales, etc.

Al utilizar cristales con el objeto de lograr una sanación, se estará trabajando con sistemas que alimenten los niveles celulares o moleculares del cuerpo humano. Los cuarzos tienen poderosos efectos para corregir los patrones de energía, ya que cuando éstos se hallan alterados suelen ser los causantes de algunas molestias o enfermedades.

Los cristales trabajan con energías sutiles o etéreas, movilizando la energía estancada, estabilizando los niveles de conciencia, llevándose a cabo la sanación a pura energía.

Los cristales de cuarzo actúan a nivel celular como transformadores y amplificadores de energía, equilibrando y reenergizando los sistemas biológicos por medio de vibraciones oscilantes.

Existen partes del cuerpo humano que tienen la capacidad de regenerarse. Esto suena tan simple que no parece ser posible. Sin embargo puede observarse en cómo se cierra una herida, en la unión de las partes de un hueso fracturado, en algunos tejidos blandos como el hígado. Es en estos casos donde cobra importancia estar conciente de las formas del pensamiento ligadas directamente a las emociones, ya que posibilitarán que el individuo logre armonizar sus estados emocionales o mentales, y se desligue de las formas negativas de pensamiento, previamente acumuladas en su interior y que pudieran actuar en su contra.

El cuarzo en la sanación marcará un camino en el equilibrio, propendiendo a la estabilización emocional; llevará al fortalecimiento del sistema inmunológico, estimulando al cuerpo para que logre regenerar sus partes dañadas, recuperando de este modo su balance. Las técnicas con aplicación de cristales de cuarzo, colaboran también con los métodos que utiliza la medicina convencional, acelerando el proceso de curación. Además, uno mismo debe ayudarse a salir del mal trance. Por eso es sumamente necesario que el enfermo sepa de la importancia que reviste su disposición a colaborar para que los resultados de los tratamientos médicos que recibe sean los mejores.

Beneficios del cuarzo en la salud

• Armoniza su poderosa acción en el campo energético del individuo, elevando sus defensas y haciendo un vigoroso aporte a la regeneración celular.

• Restablece la salud perdida, focaliza al aura, los chakras y establece un balance en la energía de los meridianos

Yin-Yang. La inexistencia de ese balance o equilibrio es causal de muchas enfermedades.

- Mejora la comunicación energética de las personas entre sí y de ellas con el ambiente que las rodea, logrando así moderar las mutuas influencias a todo nivel.

- Clarifica el pensamiento, perfilando la intuición.

- Incrementa el campo magnético de las personas, haciéndolas más fuertes y estables tanto física como psíquicamente.

- Ayuda a lograr notables sanaciones y autosanaciones.

- Defiende la generación de pensamientos positivos hacia los demás así como de amor misericordioso para con la Humanidad, la Naturaleza y el Universo.

- Potencia la relajación y la meditación posibilitando que ambas alcancen muy altos niveles.

- Canaliza "la buena suerte" haciendo que la vibración alrededor del individuo sea positiva a todo nivel.

- Protege de la acción de energías negativas a las personas, a sus afectos, a sus bienes y demás.

Cómo elegir un cristal de cuarzo

Tanto para elegir como para utilizar un cristal de cuarzo debe tenerse en cuenta lo siguiente:

• Es importante fiarse de la propia intuición al escogerlo. Habrá algo en su forma que tendrá resonancia en el ser interior de quien lo elige.

• Un mismo cristal podrá provocar atracción o rechazo, pero instintivamente se establecerá con él un contacto inmediato.

• Si se recibe el cristal de cuarzo como regalo, es conveniente analizar la concordancia de sentimientos y mutua confianza entre quien da y quien recibe.

• El cristal, al ser elegido, se convierte en algo personal, exclusivo y nadie más que su dueño debe tomarlo y utilizarlo.

Purificación del cristal de cuarzo

Es importante que previamente a su utilización se proceda a limpiar el cristal de toda carga que hubiese recibido anteriormente. Para hacerlo debe sumergirlo por tres días en un recipiente que contenga agua preferentemente tibia y sal marina. Esta operación conviene repetirla periódicamente, para liberarlo de contenidos psíquicos contaminantes que pudieren menguar su fuerza. Quien se dedique a sanar utilizando un cristal de cuarzo, deberá descargarlo de las energías de quienes atendió, por lo menos una vez al día.

Hay también otra forma más rápida para purificarlo y consiste en colocar el cristal debajo del chorro del agua corriente durante unos minutos, sosteniéndolo con ambas manos y visualizando que está recibiendo un baño de luz. Si el agua proviene de una fuente natural, es aun mejor.

Si una persona tomara contacto con el cuarzo de otra, dejaría en él su propio campo energético. Y si lapersona que tomó el cristal estuviera deprimida, asustada, furiosa, o de mal humor, lo plasmaría de esa energía de baja vibración. Entonces es necesario recordar lo siguiente: en todos los casos se deberá limpiarlo utilizando cualquiera de los métodos indicados anteriormente, y con posterioridad se procederá a recargarlo con la propia energía.

Carga del cuarzo

Los cristales de cuarzo deben exponerse en forma directa a la luz solar diariamente o bien cada vez que sea posible. El mejor horario es el del mediodía.

Programación del cristal de cuarzo

Para programar un cristal de cuarzo, debes sentarte, tomar el cristal entre ambas manos, cerrar los ojos, hacer varias inspiraciones profundas, llevar el cuarzo hacia la frente —sin que la toque—, imaginar que en ese momento una luz intensa de color dorado que llega del cosmos penetra el cuarzo iluminándolo por completo. Luego le darás un agradecimiento a Dios y finalmente abrirás los ojos, sintiéndote muy bien, en perfecto estado de salud.

Importante

Recuerde que después de haber utilizado el cuarzo durante el día debe guardarlo en una bolsita de paño o similar, preferentemente de color rojo. Es aconsejable mantener el entorno del cuarzo limpio y si es posible con flores frescas.

Cuando un cristal se rompe o uno percibe que su fuerza ha disminuido, no debe despreciarlo. Se lo debe enterrar en el jardín o en una maceta. De esta manera no sólo se contribuirá al mejor desarrollo de las plantas, sino que, con el tiempo, el cristal recobrará su fuerza.

La contemplación y la esfera de cristal

Cuando se trata de visualización, se puede acceder a un ventajoso elemento: una esfera de cristal de roca. Su material constitutivo —el cuarzo hialino— tiene reconocidas cualidades, entre ellas ser un excelente conductor de la energía. A esto se añade el hecho de que así como el cuarzo, nuestras células contienen silicio, lo que ayuda a una mejor comunicación entre la bola y la persona y la hacen un excelente instrumento para la meditación.

Colocada en la mano izquierda, contemplándola y en estado de concentración profunda, este poderoso amplificador de la energía permitirá, a quien la sostiene, ingresar a otra frecuencia mental y descubrir en la gema veladas imágenes y manifestaciones lumínicas, cuya interpretación le brindará respuestas trascendentales. Si no desea sostenerla, puede situar la bola en un atril sobre una mesa y sentarse a unos treinta a cuarenta centímetros de ella. Lo ideal sería que hubiese una luz tenue.

Dentro de las muchas formas que hay para contemplar la bola de cristal, los pasos que doy a conocer a continuación son los que yo sigo y funcionan mejor para mí:

Sitúa la bola como mejor te parezca, ya sea en el atril o en tu mano.

Una vez que te encuentres frente a la bola, en posición cómoda, cierra los ojos, respira profundamente por varias veces y relájate. Concéntrate en pensamientos positivos y cálidos. Toma el tiempo que sea necesario hasta lograr la relajación total.

Luego, abre los ojos, toma la bola con tus manos y acaríciala. Con tu mente abierta, pierde la vista en la bola, hasta sentir como que no ves. Después de unos segundos, pregunta mentalmente lo que quieres visualizar. Al cabo de unos instantes, podrás tener visiones de lo que preguntaste. Cuando sientas que has terminado, no olvides de agradecer a Dios.

Cuando no uses la bola, mantenla cubierta con un paño.

Como en todo, no se debe pretender tener inmediatamente una relación de afinidad con la esfera y así captar su mensaje. Es un aprendizaje, un lenguaje que se interpretará luego de marchas y contramarchas, hasta descubrir o determinar un código y un camino de relación entre uno y la esfera. Requerirá de tiempo, de madurez, de despejar la mente de pensamientos de baja vibración y alcanzar su elevación.

Este ejercicio es quizá el mayor mérito en la relación con la esfera, pues se aprende a ser perseverante, moderado, a mirarse hacia adentro; a ser cuidadoso al interpretar las respuestas que se cree haber obtenido y a ser menos duro en nuestros juzgamientos al mundo que nos rodea. Mejorarán algunas condiciones personales - como el discernimiento, la perseverancia; habrá toma de conciencia de otras que estaban como adormecidas, ignoradas o no recordadas por la falta de práctica. Información y conocimientos que estaban allá, en algún lugar de la mente serán traídos al aquí y ahora. ¡Y vaya que gratifica el "saber que lo sé"! Todo esto da seguridad, afianza la personalidad, haciendo al hombre más reflexivo y capaz de aceptar al otro sin mensurarlo, sin evaluarlo, tal como es.

Al igual que la meditación, la contemplación lleva al individuo por el camino de la evolución espiritual. Ese "dejarse llevar" con la mirada puesta en la esfera permitirá penetrarla. Y escudriñar en un mundo que será nuevo, transparente e infinito. Si se logra, se irá transitando por el buen sendero.

Además de lo expresado, se incrementará la capacidad de percepción y cuando llegue a poder contactarse con la profundidad de su esencia, el hombre vivirá momentos de gran intensidad al tomar conciencia de que existen en su interior componentes que no habían sido aprovechados.

CAPÍTULO VIII

Los Ángeles y la Sanación

"La fuerza curativa que hay dentro de cada uno de nosotros es la más grande que existe para sanarse".

—HIPÓCRATES

El universo de los ángeles y los espíritus

Según la física cuántica, una partícula elemental es un vórtice de energía. No es que dicha energía forme un vórtice o una onda. El vórtice es la energía en sí. Pero. . . ¿qué es un vórtice? Un vórtice es un movimiento energético en espiral de tres dimensiones, que llega aformar una bola giratoria de energía. Esa bola giratoria es la partícula elemental y el movimiento giratorio es lo que crea la estabilidad de la misma. Por lo tanto: una partícula elemental de materia es una bola giratoria de energía, un vórtice esférico en movimiento. Pero hay distintas vibraciones en este vórtice y cada vibración representa una partícula distinta. Si el movimiento ocurre a la velocidad de la luz, el vórtice deja de ser una partícula elemental para transformarse en un fotón. Según Albert Einstein, ningún cuerpo puede moverse a mayor velocidad que la de la luz, pero. . . ¿es esa regla también aplicable a la energía en sí? Si el movimiento del vórtice llegara a vencer esa barrera y superara la velocidad de la luz, daría origen a un tipo de energía por completo distinto, a la que llamaríamos *supraenergía*. La materia formada por la supraenergía estaría contenida en un universo suprafísico. Nuestra materia no llega a afectar a ningún elemento de ese mundo, pues su sustancia es completamente distinta. Su vibración es tan alta que ese suprauniverso no puede captarse por nuestra realidad.

En esta realidad suprafísica hay partículas de más alta vibración, pero análogas a las partículas de la materia conocida. Hay ondas de supraenergía, análogas a las ondas de luz visible que percibimos diariamente. En conjunto, forman un mundo de una vibración más elevada, que contiene a nuestro mundo.

Hay muchos universos suprafísicos en la creación. Los universos superiores engloban a los inferiores, como si fuesen esferas concéntricas. Cada universo suprafísico es un plano espiritual distinto, siendo el nivel uno nuestro universo físico. Los planos dos y tres son niveles de vibración donde moran los espíritus del error, o sea, aquellos que han desencarnado con determinado Karma. En el plano 4 se encuentran aquellos espíritus que han alcanzado un grado de Maestría. En la vibración siguiente, el plano 5, moran los espíritus que alcanzaron la máxima Luz. De todas maneras, esa altísima vibración no es garantía de nada, pues si un espíritu de Luz es invadido por el ego, aún estando en el plano cinco de vibración, puede desestabilizarse. Nadie lo expulsa de ese plano a una vibración más baja. Sucede que ante cualquier atisbo de ego, ese espíritu empalidece y la misma Luz del plano que habita "se le hace incompatible" y, en forma automática, desciende de nivel.

El plano seis está habitado por los ángeles, mensajeros y servidores del espíritu. En el plano siete moran las Energías Divinas y el plano ocho está habitado por los Elohim.

Desde ningún plano de vibración se puede captar a las entidades que moran en los planos superiores al mismo, pero sí desde cada plano se puede *ver* hacia las vibraciones inferiores. Hay dos planos de vibración más densos que el plano físico: Los planos uno y dos, pero por una *jugarreta dimensional* no podemos percibirlos.

Tantos los espíritus Maestros como las entidades angélicas pueden guiarnos en el camino hacia la Luz, para que tomemos conciencia de que somos espíritus en evolución.

Podemos contactarnos desde el plano físico mediante la técnica de mediumnidad. Al recibir Mensajes de Luz, dicho contacto sería una comunión de cuerpo y espíritu.

El mundo angélico

Es importante aclarar que los ángeles no son espíritus. Son entidades de Luz que moran en el sexto plano de vibración supraenergética y cumplen distintas funciones, siempre para servicio del ser humano.

No sólo son mensajeros divinos, como el amado Arcángel Gabriel. También hay ángeles protectores que tratan de evitar accidentes u otras desgracias, salvo que la persona tuviera que vivir determinando incidente por Karmas pendientes.

Los ángeles actúan tanto en el nivel material como en los niveles espirituales donde hagan falta.

Su vibración tan elevada está en concordancia con su amor, por eso los ángeles se abstienen de emitir juicios... y gozan haciendo servicio.

Los seres encarnados visualizan a los ángeles proyectando sobre ellos las características humanas. Ven la imagen angélica de acuerdo a sus necesidades.

La persona protectora puede ver a un bebé con alitas. Aquel que se refugia en la soledad, quizás vea a un ángel con figura humana adulta y, aunque los ángeles no tienen sexo, pueden llegar a visualizar a una mujer o a un varón, según las expectativas del subconsciente.

La verdadera imagen angélica no tiene nada que ver con un ser antropomórfico, sino con una luz.

Aquel que tenga el don de la mediumnidad vidente, podrá visualizar un trazo de luz, una línea o un punto brillante, generalmente en tonos blancuzcos. Entonces sabrá que estará viendo un ángel. Aunque la mayoría de los seres humanos, debido a conceptos ya establecidos, sólo ven a los ángeles con las formas ya conocidas.

Algunos estudiosos describen a los ángeles como pulsaciones lumínicas, pero no de la luz visible que todos conocen, sino una luz que surca el universo supraenergético y mora en el 6º nivel de vibración espiritual.

De los que están en contacto con el ser humano hay cuatro que son más conocidos: los arcángeles serafines Gabriel, Miguel, Rafael y Uriel.

Existe una jerarquía angelical que está formada por nueve cualidades: Serafines, Querubines, Tronos, Dominaciones, Potencias, Virtudes, Principados, Arcángeles y Ángeles. Cada cualidad está conducida por un Príncipe, al cual acompañan ocho ángeles.

El príncipe de los Serafines es Metatrón, que en hebreo significa *Rey de los Ángeles*. Otra traducción sería *El que ocupa el trono vecino al trono de Dios*. Su energía es tan sutil que roza la energía de los Elohim. Aun estando en el sexto nivel de vibración supraenergética, tiene el don de comunicarse en forma periódica con las energías divinas del séptimo nivel. Dirige con amor a la mayoría de los seres espirituales, siempre en beneficio de todos los espíritus en evolución. Muchos investigadores lo confunden con Kether, el Primer Sephirah.

El príncipe de los Querubines es Raziel, que en hebreo significa *secreto de Dios*. Esta entidad de amor orienta espiritualmente a todas las criaturas que se sienten desamparadas.

El príncipe de los Tronos es Tsaphkiel, que en hebreo quiere decir *ángel de la noche*. Otra denominación es Auriel. Este ángel ayuda a los seres encarnados a encontrar su camino espiritual.

El príncipe de las Dominaciones es Tsadkiel, del hebreo *fuego de Dios*. Su función es ayudar a aquellos seres que se encuentran faltos de ánimo para emprender una tarea altruista. También se lo conoce como Uriel, el arcángel de la Salvación. Fue quien condujo a Téraj, a su hijo Abraham y a su nuera Saray fuera de la ciudad de Ur, hacia Jarán, en Canaán

Uriel se ocupa de ayudar a las personas a organizar su vida, tanto laboral como afectiva.

El príncipe de las Potencias es Camal, que en el idioma hebreo es *socorro y fuerza de Dios*. Influencia en los espíritus en evolución para que, a través de la unión con otros seres, encuentren la fuerza para salir adelante.

El príncipe de las Virtudes es Rafael, o sea, el *ángel que cura*. También se escribe Rafael. Está a cargo de remediar los males espirituales, armonizando con su amor a cada ser que se sienta abatido.

En el libro de Tobías se lo describe como un ángel misericordioso, que cura a Tobit, padre de Tobías; libera a Sara del influjo maléfico de Asmodeo, un espíritu del error, y la entrega como mujer al joven Tobías, de quien es fiel compañero de viaje en la ruta a Ragués de Media. Rafael actúa también sobre los problemas psicosomáticos.

El príncipe de los Principados es Haniel, que en hebreo quiere decir *gloria o gracia de Dios*. Este ángel trata de orientar a todos los espíritus del error. También apuntala en la parte afectiva a los seres encarnados en el plano físico.

El príncipe de los arcángeles es Miguel, del hebreo Micael, que significa *quien es como Dios*. Cuando la evolución espiritual recién comenzaba, este ángel era el paladín en la lucha contra el mal. Actualmente, es el arcángel de la Paz. Al invocarlo, se le pide que trabaje por la armonía y la confraternidad entre todos los seres encarnados. Algunos estudiosos de la Cábala lo llegaron a confundir con Metatrón.

El príncipe de los ángeles es Gabriel, del hebreo Gebher y su traducción es *la humanidad de Dios*. Su misión es recordarle a todos los seres vivos que El Padre los ama y que jamás van a estar desamparados.

Cuando se le invoca se le debe pedir por unión de todos los hombres y que equilibre las emociones de aquellos que son muy impulsivos.

Los mahometanos sostienen que Gabriel le dictó el Corán a Mahoma. En la Biblia está escrito que el amado Gabriel le anunció a María el nacimiento del Maestro Jesús.

Hay que destacar la labor de Rehael, el Séptimo Angel de las Potencias. Su tarea es proteger a los seres encarnados que están en Misión, de todas las influencias negativas que entorpezcan dicha misión, sea de sanación espiritual o de difusión de la Palabra Divina.

Al hablar de las entidades angélicas es de suma importancia destacar el rol de Luzbel, cuyo nombre significa *portador de la luz*. Tiene un papel preponderante en la evolución espiritual de los seres encarnados, puesto que El Absoluto lo eligió para tentar al ser humano y así fortalecer su resolución espiritual.

Lo acompañan setenta y dos ángeles voluntarios, a los cuales se les borró la memoria por Misericordia Divina y de esa manera fue cómo se formaron los llamados Demonios.

Luzbel mantuvo su memoria intacta y fue viendo a través de los milenios cómo los hombres sucumbían a las tentaciones, haciendo casi infinito su sufrimiento. Pero lo soportaba por su incondicional amor a Dios. Luzbel es conocido como Lucifer, el príncipe de los demonios. La tradición dejó de verlo como una entidad de Luz que ayuda a crecer espiritualmente al ser encarnado, y la compara con un ser maligno que corrompe el espíritu.

Hay que tener una gran fortaleza interior para vencer a las tentaciones y sobreponerse al lastre del ego. El Maestro Jesús salió airoso de la prueba y Luzbel vivió una gran satisfacción por ello, aunque a muchos todavía les cueste entender esa emoción. El absoluto es la sabiduría y no todos los seres pueden llegar a entender su discernimiento.

Uno de los ángeles más importantes y que muy pocos tienen en cuenta es el ángel de la Tierra. Así como la Tierra tiene un Logos Planetario, también tiene un ángel que la protege, junto con todos los seres que la habitan.

Es como un Ángel de la Guarda, pero a nivel planetario. Su nombre es Geanel y está en la cualidad de los Tronos —otra denominación es Gaianel—.

Conceptos erróneos

Muchas personas tienen un concepto erróneo de las entidades angélicas, no solo en cuanto a su forma, sino en cuanto a su comportamiento y carácter.

La vez pasada vino una paciente a mi consulta. La señora poseía conocimiento de los temas esotéricos, pues tenía un grupo espiritual. La función de ese grupo era, aparentemente, limpiar lugares densos, sacando de allí a los espíritus del error y a los demonios que pudiesen haber.

Me contó que fueron a limpiar un galpón abandonado, perteneciente a una fábrica. Los dueños querían ponerlo en condiciones y volverlo a habilitar, pero como eran muy supersticiosos, querían primero librarlo de todas las presencias maléficas.

Este grupo llegó hasta allí y los más decididos abrieron el portón. Adentro, visualizaron dos angelitos con forma de bebés. Esos pequeños seres estaban completamente aterrados, debido a las presencias nefastas que había en el lugar. Le dije sonriendo a la señora que las entidades del error o los demonios que allí había se burlaron del grupo. Primero: Los ángeles son seres de Luz y se visualizan como trazos. Aquellos que los ven con forma humana, sea como bebés o como seres adultos esbeltos, los visualizan así por una necesidad propia. Segundo: Así como nosotros, que estamos en el plano físico 1, no podemos visualizar a los seres más sutiles, salvo que tengamos el don de la mediumnidad, tampoco los demonios y los espíritus del error los pueden ver. Ellos también están en planos más densos, por lo tanto, tampoco pueden coexistir en el mismo hábitat. Razonando eso, sabremos que no tienen cómo interactuar con los seres angélicos y menos dañarlos. Por lo tanto, nunca un ángel tendría miedo de un ser demoníaco. Y aunque pudieran convivir en un mismo plano, los ángeles tienen tan alta dosis de amor que, con tal de apagar la ira de los demonios, se prestarían a sufrir si con eso lograran transmutar el mal inherente de esos seres de las sombras.

La señora me preguntó: Entonces, ¿qué vimos?. Vieron entidades oscuras —le respondí— fingiendo estar aterrados para transmitirles ese terror a ustedes. Se burlaron de ustedes, aprovechándose de sus escasos conocimientos del tema.

Mi paciente continuó su relato y me dijo que al terminar el supuesto exorcismo en el galpón, visualizaron una batalla campal entre ángeles y demonios, y dejando las cosas que trajeron —platos, incienso, etc.— huyeron del lugar sin terminar su propósito.

Le reiteré que jamás podría luchar un ángel con un demonio porque los seres angélicos dan luz a través del amor. No cabe en ellos el más mínimo pensamiento de agresión.

Además, están en distintos planos de vibración, por lo que no pueden interactuar.

Y le terminé contando que una vez me estaba por anotar para concurrir a un curso dictado por un matrimonio que hacía mediumnidad y se contactaba con el Arcángel Miguel, que era quien *dictaba* los mensajes de aprendizaje. El hombre de esa pareja me dijo: "Trate de no faltar a las clases porque si Miguel se enoja, baja con la espada flamígera y castiga a los que no cumplen sus reglas". Obviamente, no fui al curso, pues supe al instante que no sabían nada sobre el tema. Los ángeles no se enojan, son Amor. Los ángeles no castigan; son misericordia. Los ángeles no ponen reglas; son servicio.

Si el ser humano encarnado empieza a conocer el carácter dulce de los ángeles, aprenderá a amarlos. Ellos son alegría y sólo sufren cuando nos ven sufrir a nosotros. No saben lo que es el odio, pues viven para amar.

Podremos llegar a ellos, viviendo para amar y en función de servicio. Esa es la única manera de elevarnos. Depende de cada uno el lograrlo.

El karma en los ángeles

El plano físico es como un inmenso pozo gravitatorio. Las entidades espirituales que encarnan están sujetas a los vaivenes de dicho plano: el ego actúa en forma nefasta, haciendo que el ser encarnado protagonice distintos roles de dramatización. El apego desmesurado puede llegar a transformar a la persona en un ser egocéntrico. Su cuerpo de deseos se verá expuesto a diversas tentaciones con una cuota de ego, y tanto los espíritus del error, los demonios, como las energías lúdicas, aprovechan esa brecha para manipular al ser humano y así sumirlo en conductas negativas, entorpeciendo su evolución. Los ángeles no están exentos de caer en las mismas circunstancias, pues al encarnar en la misión que fuese, su memoria es automáticamente borrada por el velo akásico. Al igual que los espíritus, solo un diez por ciento de los ángeles encarnan, mientras el noventa por ciento restante permanece en el sexto plano. Entonces… ¿Cómo revierten su asignatura pendiente aquellos ángeles que cometieron errores? Dentro del sexto plano hay un sub-plano llamado Limbo, adonde van esos ángeles que sufren un efecto kármico debido a una conducta errónea. Además, si las entidades angélicas que han encarnado en el plano 1 cometieron actos de crueldad, ya sea por impulsos emocionales o por ansias de poder, también pueden (de alguna manera) descender de nivel de vibración. ¿Cómo? Así como la parte que encarna en el plano físico es un diez por ciento del total de la entidad, si arrastran Karmas graves, ese diez por ciento puede bajar a los niveles tres, dos y uno y vivenciar el apego, la ignorancia o el dolor de los seres que habitan esos planos. O sea, no desciende el total de la entidad —como pasa con los espíritus—, sino el diez por ciento que cometió los actos hostiles que generaron esos Karmas.

Una vez aprendida la lección kármica puede retornar a su plano a pedirle a los Lípikas volver a encarnar en el plano físico para terminar la misión que había quedado inconclusa en su vida terrenal anterior.

Recuerde que en el primer plano no hay garantías de nada. Aquellos que encarnan —ángeles o espíritus— pueden volver a equivocarse.

La sanación energética

Según la teoría del biofísico francés Regis Duthail, la materia que nos rodea no es más que la imagen relieve de una realidad fundamental hecha únicamente de ondas de frecuencias. Esto significa que la materia está formada por las mismas ondas del mundo espiritual, pero con una vibración más densa.

En los años treinta, un anatomista de la Universidad de Yale, Harold Saxon Burr, descubrió que un campo electromagnético envuelve el cuerpo de todo ser vivo. Confirmó que todos los seres encarnados poseen un campo energético de protección que filtra las vibraciones negativas conocido con el nombre de *aura*.

Con la esperanza de poder visualizar ese cuerpo eléctrico, había conectado un voltímetro al cuerpo de las mujeres que se les practicaba un Papanicolao. En total fueron dos mil, y en algunos de esos cuerpos eléctricos observó que presentaban, a la altura de la pelvis, un accidente característico. Eso era sorprendente, porque correspondían a mujeres que gozaban de buena salud. Pero seis meses después, volvieron con un cáncer.

Duthail propone la siguiente explicación: ese campo de Burr revela *la calidad* del tránsito, vía cerebro, de las informaciones del espíritu hacia el cuerpo.

Supongamos que la conciencia de un individuo se encuentra un día *oscurecida* por estrés, angustia o un dolor moral. ¿Qué va a suceder? Su córtex va a dejar pasar menos información del campo de la conciencia y por ello la calidad de proyección holográfica va a bajar, deformando el cuerpo eléctrico. Dañado, ese último ha de mandar mediante fotones, una señal degradada o corrompida a las células, que van a comenzar entonces a degenerarse. Y luego aparecerá la lesión clínico-anatómica. Ese bajón energético será lo que desequilibre la parte física.

Actualmente hay una nueva medicina que se ocupa del aura, una medicina supraenergética. Porque la medicina actual cura solamente el órgano, que no es más que donde se manifiesta la fase final de la enfermedad. Recién ahora se comienza a reconocer la importancia del cuerpo electromagnético en el mundo occidental, cosa que los chinos llegaron a comprender hace muchísimo tiempo. Pronto se podría pensar en restablecer un campo electromagnético a su forma normal, aplicando en el organismo, por ejemplo, una frecuencia acústica que influiría en el equilibrio físico-químico de las células.

Esa medicina no lucha contra las bacterias, sino contra un desequilibrio más fundamental. . . el desequilibrio del aura. Debemos saber que las bacterias sólo proliferan peligrosamente en presencia de un desequilibrio somático. En caso contrario, permanecen tranquilas. Entonces, ¿qué es lo que provoca tal desequilibrio?

En mi opinión, el miedo, el estrés y el sentimiento de culpa son responsables de muchas enfermedades, porque perturban la conciencia, alteran el holograma y desinforman las células. El cuerpo se transforma en una esponja y absorbe influjos nefastos en grandes cantidades. A partir de ahí vienen los trastornos psicosomáticos.

¿Qué rol tienen los ángeles en ese tipo de trastornos? Téngase en cuenta que los ángeles son Entidades de Luz que vibran en una sintonía muy elevada. Esa vibración es curativa, aún en una proporción mayor que los ultrasonidos.

En distintos talleres angélicos he podido constatar la asistencia de gente que concurría por problemas psicosomáticos, los que les causaban alteraciones en el funcionamiento corporal. Luego de visualizar a su ángel, las personas se sentían mejor: la energía angélica había obrado en la parte física, sanándolas de sus trastornos.

En otros casos, el individuo manifestaba directamente cuál era su problema y se le pedía al ángel que enviara su energía sanadora a la parte de su cuerpo donde se hallaba el desequilibrio. El resultado era sorprendente, la persona se aliviaba considerablemente.

Debo hacer hincapié en que la energía sanadora no reemplaza a ningún tratamiento médico, sólo es una terapia alternativa y complementaria de la medicina tradicional.

Ejercicio mental para contactarse con los ángeles

Para descubrir su ángel, cada cual lo hará de acuerdo a la propia concepción que tenga de un ángel. La mayoría de las personas lo identifican con un querubín o un niño con alas; otros lo perciben como haces luminosos, figuras geométricas, símbolos. Esto ocurre porque la mente humana decodifica las ideas, expresándolas en palabras o en imágenes, las que difieren entre sí debido a que cada quien las elabora con sus propios elementos emocionales e intelectuales, adecuándolos a sus íntimas necesidades. Es por eso que no todos captan ni ven lo mismo cuando se refieren a un ángel. Cada uno debe hacerlo con la imagen que primero venga a su creatividad. No es en la figura en lo que tiene que concentrarse: lo importante es que identifique a "su ángel", se identifique con él y lo reconozca como tal.

Es conveniente, aunque no imprescindible, estar vestido con ropa cómoda. Tampoco debe sentarse obligatoriamente en postura yogui. Lo que se busca es que quien realice este ejercicio, se sienta lo más cómodo posible.

Si el tener música suave de fondo —de relajación, clásica, etc.— ayuda, no hay inconveniente alguno en escucharla.

Entonces una vez elegido un lugar silencioso, o suavemente musicalizado, sentarse manteniendo una postura que no provoque tensión ni cansancio, para comenzar a realizar el siguiente ejercicio.

Ejercicio

En un lugar tranquilo y en una posición cómoda, ya sea acostado o sentado, cierra los ojos, respira profundamente un par de veces sintiendo el peso de tu cuerpo, de tus brazos, tus piernas. Siente la temperatura de tus manos, tu cuello… Relájate… Comenzarás a percibir algo así como un cosquilleo que irá recorriendo toda la piel de tu cuerpo.

Siente en la respiración, en los latidos de tu corazón, en tus ritmos corporales esa grata sensación de armonía, y comienza a visualizar el chakra coronario. Visualiza que por él penetra en tu cuerpo en forma de haz de luz blanco-azulada, una energía de efecto altamente armonizador que inunda totalmente tu cuerpo interior y exteriormente, desde la frente de tu rostro y hasta la planta de los pies.

Luego visualiza otro haz de energía, esta vez dorada, y uno más de color violeta que realizan idéntico recorrido y trasforman en positivo todo lo negativo que había en tu cuerpo. Ahora sientes el cuerpo relajado y levemente aletargado, pero a su vez te reconoces conciente y que continúas manteniendo el control sobre ti mismo. Así, la mente te transportará en una sutil vibración, más allá del plano físico. Déjate llevar sin temor: es ahí donde podrás captar a tu ángel… Visualizándolo o imaginándolo. Eso es indistinto, pero lo importante es hacerlo.

Una vez logrado, retorna muy lenta y sutilmente al mundo real, recuperando el contacto con el plano físico. Toma conciencia nuevamente que posees un cuerpo con peso, temperatura, latidos, pulso, vibración, respiración, etc.

No dejes de agradecerle a Dios por lo recibido y por estar y sentirte mejor, mejor y mejor.

Abre suavemente los ojos, reacomódate en el lugar o asiento elegido: primero el torso, luego rotando cuidadosamente la cabeza y los hombros, estirando o contrayendo brazos y piernas, hasta sentirte nuevamente en el mundo, bien, distendido, reconfortado, tranquilo, sin dolores y feliz.

Establecer el contacto con el ángel es un logro valioso que debes apreciar. Visualizar mentalmente al ángel guía significa contar con *alguien* que podrá orientarnos al momento de tomar decisiones o enfrentar alguna situación difícil.

Ante problemas tanto de salud física como emocional, mental o espiritual a resolver, propios o de nuestro entorno, recibiremos del ángel su luz sanadora por él dirigida, precisamente, al lugar donde es necesaria . De este modo, el cuerpo áurico se recuperará y las células normalizadas por la energía espiritual recibida sanarán, y por ende, el individuo en su totalidad. Se habrá logrado así el objetivo.

Establecer el desequilibrio áurico por intermedio de su ángel

Sabemos que todos los seres humanos somos canales divinos o, como se dice comúnmente, *antenitas* que captan energía de Dios. Todos tenemos el don de corregir las deficiencias energéticas de otro ser humano, pero muchas veces nuestro ego nos acompleja y nos hace creer que no podemos hacerlo. Por suerte, hay seres especiales que tienen el don natural de sanar.

Las técnicas son variadas. Se puede sanar con colores, con gemas, con imposición de manos o directamente canalizando la Energía Crística como hago yo.

Recomiendo a aquellas personas que tienen la Gracia Divina de sanar, que refuercen su técnica mediante la ayuda angélica. A diferencia de las personas que concurren a los talleres angélicos, los que desarrollan el don de sanación no precisan comunicarse con su ángel, sino que forman una especie de simbiosis con él, o sea, comparten la energía sanadora.

La técnica a realizar es la siguiente: La persona que realiza la sanación tiene también el don de captar la entidad angélica a través de todo su cuerpo. Recordemos que el ángel contactado se manifiesta como una elevada vibración. Esa sintonía fina se puede percibir en toda la piel como cosquilleo, de la misma manera que percibamos nuestra circulación sanguínea.

Sentimos al ángel en nosotros, nos invade una sensación de armonía. Si estamos conectados en empatía total entramos en éxtasis, un estado donde nos sentimos transportados fuera del mundo sensible.

A medida que vamos practicando la técnica, la conexión se realiza más rápidamente y llega un momento en que lo podemos hacer casi en forma automática. Aclaro: eso no significa que vayamos a perder el estado de éxtasis.

Entonces, cuando percibimos a una persona con deficiencias en su campo áurico, pedimos ayuda a nuestro ángel guía. Se unirán las dos energías, la angélica y la que canalizará nuestro Yo superior. Ambas vibraciones estarán mancomunadas y proyectarán su Luz al campo electromagnético de la persona en cuestión, sanando su "aura". De ese modo, los trastornos psicosomáticos irán desapareciendo.

La fe es muy importante, pero la energía Divina actúa en forma independiente. Años atrás logré canalizar esa energía para sanar a una bebé de ocho meses. A esa edad no se puede hablar de fe, de afecto placebo ni de sugestión.

La sanación es totalmente real, pero reitero que la energía sanadora no reemplaza a ningún tratamiento médico: sólo es una terapia alternativa y complementaria de la medicina tradicional.

Protección antes de realizar la imposición de manos

El secreto —que no es tal— es envolverse de amor. Toda persona posee un *yo interno* contactado con su *yo superior*. Éste, a su vez, está conectado con la divinidad.

Si buscamos con afán en nuestro interior, detectaremos esa divinidad y ella nos colmará de amor. Esa será la protección adecuada frente a todo tipo de influencias negativas.

La persona que realice imposición de manos, al estar "empapada" de ese amor divino, cumplirá con creces su misión sanadora.

Para evitar que el ego influya en el terapeuta, dejo en claro que no es la persona la que sana, sino que ella se ha transformado en ese momento en un canal divino.

El amor del Creador es el que sana y agrego que, para canalizar dicho amor, el sanador debe estar en total sintonía con Dios. Eso sólo se logra con la ausencia total de protagonismo.

CAPÍTULO IX

Formas de Sanación

La autosanación

En virtud de los resultados de las recientes investigaciones científicas que se realizaron en el campo de la inmunología y la neurología, sabemos que el ser humano, en el interior de su cuerpo, posee los dispositivos más perfectos para hacer frente al mayor número de enfermedades que puedan afectarlo y de esta manera, recuperar la salud.

Quienes se ocupan de estudiar las relaciones entre conciencia, función inmunitaria y la interacción existente entre la mente y el cuerpo físico, hallaron en las células mismas condiciones o factores que las orientan hacia la evolución y la supervivencia. Es como si estuviesen regidas por un ordenador que ha instalado en el interior de cada una de ellas, mecanismos para asegurar que la vida continúe.

Es como si en el interior de cada célula se alojara un equipo de salvataje que patrulla al organismo durante las veinticuatro horas del día, integrado por un experto médico de cabecera, enfermeros, técnicos, que tienen a su inmediata disposición la medicación y los elementos necesarios y que están cuidando y evitando que una agresión externa dañe los procesos orgánicos básicos. A esto se lo conoce como sistema inmunológico y es parte de una superinteligencia que nos habita. Se puede decir que el organismo humano cuenta con un mecanismo defensivo sumamente complejo y eficaz, capaz de reconocer y actuar en tal sentido frente a enemigos que lo asechen, seleccionando la medicina apropiada, en la dosis exacta, para ser aplicada en el momento preciso y combatirlos.

Todo está concebido y diseñado para que funcione automáticamente y con la reconocida precisión de un reloj suizo, siempre y cuando ese desequilibrio no sea provocado por uno mismo como resultado de una dieta desbalanceada, un régimen de vida inadecuado, o una equivocada actitud mental. Y aún en tales casos, existe en el interior de cada individuo la capacidad de autodefensa suficiente como para lograr la recuperación y sanarse.

Fue la observación de aquello que produce la desarmonía de algún órgano o del organismo en general, lo que permitió descubrir la existencia de esa inteligencia en el interior de las células.

Tales resultados fueron obtenidos en estudios hematológicos realizados a algunos astronautas al retornar del espacio, luego de soportar una extrema tensión nerviosa, y también en experimentaciones realizadas en laboratorio con animalitos sometidos a hacinamiento en compartimentos superpoblados. En ellos, el estrés fue un factor que trajo como consecuencia la supresión de la normal respuesta inmunológica, lo que abrió las puertas a la aparición de enfermedades, a veces, de difícil curación como el cáncer y otras. Pero a la vez nos demostró que el sistema nervioso y los procesos mentales, pueden apuntalar y fortalecer la defensa celular contribuyendo a la autocuración mediante la aplicación de técnicas apropiadas, como lo son la visualización y la programación positivas.

Robert Ader y Karen Bulloch, son personalidades que cobraron nombradía y celebridad entre los investigadores de los años setenta por sus trabajos en el descubrimiento del "diálogo permanente que mantienen el cerebro y el sistema inmunológico", que están constantemente relacionándose entre sí e intercambiando mensajes en uno y otro sentido, lo que permite explicar que determinados pensamientos o vivencias de tristes acontecimientos logren disminuir el número de linfocitos (células inmunes). En contrapartida, la fe, las experiencias felices y el tener pensamientos positivos y un estado emocional en equilibrio producirán el incremento de la actividad inmunológica.

Quienes han sido fuertemente golpeados por la adversidad al haber sufrido la perdida de un ser querido por fallecimiento, separación o divorcio, tienen marcada en su sistema inmunológico la huella que les dejara el sentimiento de abandono o soledad. Poco tiempo después de ocurrida la pérdida, a veces dentro del primer año, comienzan a aparecer enfermedades que en la mayoría de las oportunidades guardan estrecha relación con la disminución de la capacidad inmunológica.

También entre los portadores del SIDA, el marcado descenso de la respuesta inmunológica, a veces hasta de un cincuenta por ciento, es atribuida por los investigadores a hechos o factores puramente emocionales, lo que en estos casos puede llevar a consecuencias irreversibles.

A nadie escapa la importancia de los efectos del temor: es un factor de peso en el mundo de las emociones. El miedo es destructivo para el sistema de recuperación, y puede gravitar negativamente en el tratamiento de enfermedades importantes como el cáncer, afecciones respiratorias o cardíacas que, en otras condiciones, resultaría efectivo.

Mente-cuerpo: unidad terapéutica

Uno de los valiosos hallazgos resultantes de las investigaciones mencionadas anteriormente, es la manera en que ese sistema terapéutico regula la función hormonal. En la década del ochenta se llegó a la conclusión de que las células inmunes tenían la capacidad de elaborar prácticamente la mayoría de las hormonas que normalmente produce el cerebro, actuando como si la sangre fuera un vasto laboratorio o una farmacia interna. Eso permitiría dar una explicación científica a la mayor parte de aquellas curaciones para las cuales la ciencia "convencional" no tiene una respuesta.

Sostiene con absoluta seguridad Candace Pert, investigadora del Instituto de Salud Mental de Estados Unidos que "Disponemos en nuestro interior de todos los medicamentos necesarios para curarnos" y que "a muchos puede asustarles la idea de que si están enfermos, es porque se lo han causado a sí mismos. Pero deberán darse cuenta de que tienen poder sobre su propia salud, porque literalmente, el cuerpo es la manifestación exterior de la mente".

También Franz Ingelfinger, como editor de la publicación médica *New England Journal of Medicine*, ha llegado a afirmar que "el ochenta y cinco por ciento de las enfermedades son auto curables." De esta manera, los estudios en neuroinmunología confirman lo expresado por las más ancestrales sabidurías de Oriente u Occidente: en todas las tradiciones profundas, el cuerpo físico es considerado *el templo del espíritu*, o el vehículo en que se materializan las energías de los niveles superiores de conciencia. Por eso el descubrimiento —o admisión— realizado por estos científicos actuales, de que las emociones, el poder de la mente y la actitud vital, pueden enfermar o curar a una persona, en realidad, sólo confirman los legados de aquellas antiguas culturas en cuya medicina, por su sabiduría, nunca separaron al cuerpo de la mente, ni a ambos del entorno cósmico del cual provenían.

La inteligencia celular

Con la irrupción del Síndrome de Inmunodeficiencia Adquirida, SIDA, los estudios de vanguardia en inmunología fueron reforzados. Se realizaron afirmaciones fundamentadas en contundentes demostraciones de las consecuencias de someter al sistema de defensa del organismo a una situación de desequilibrio o a la anulación y/o parálisis de sus funciones.

Un afectado por el SIDA es campo propicio para la proliferación de las llamadas "infecciones oportunistas": bacterias, hongos, virus, etc. las que, en un organismo en condiciones normales, irían siendo destruidas paulatinamente por el propio sistema mediante los linfocitos o células inmunes.

Estas células fueron comparadas con un ejército cuyas tropas están alertas permanentemente, detectando la presencia de invasores, transmitiendo la información al comando y a los distintos jefes —el cerebro y el resto del cuerpo—, llamando a la movilización y a la defensa para rechazarlos en forma rápida, ordenada y exitosa. Al dar el alerta del peligro, de la presencia del enemigo, el sistema de defensa funcionará como un órgano específico para agresores imposibles de detectar por los cinco sentidos habituales, —vista, oído, tacto, olfato y gusto— pero sí posible para algo semejante a un sexto sentido, intracelular, capaz de detectar y reconocer la enfermedad para actuar posteriormente en recuperar la salud.

Técnicas de autoarmonización —tres posturas—

La manera correcta para proceder a aplicar la energía y obtener una perfecta autoarmonización es la siguiente. Se deberá estar acostado de espaldas.

En la primera postura, comenzar apoyando la palma de la mano derecha con los dedos juntos, sobre la zona genital y palma de la izquierda sobre el entrecejo durante unos cinco minutos.

Seguidamente, en la segunda postura, se llevará la mano derecha a la zona del ombligo y la izquierda a la de la garganta —zona de la glándula tiroidea—, también durante otros cinco minutos.

Y para concluir, en la tercera y última postura, se colocará la mano derecha sobre el plexo solar, —donde termina el esternón— y la izquierda sobre el corazón, cinco minutos más.

Nota

Al realizar el ejercicio, conviene mantener los ojos cerrados y tener música suave de fondo. Esto ayudará a tener una mejor relajación.

Visualización y autoarmonización con el cristal de cuarzo

Ejercicio

Te acuestas, y cuando sientas que estás cómodo, te colocas el cristal de cuarzo sobre el chakra base. Cierras los ojos, tomas varias inspiraciones y te relajas totalmente.

A continuación has de visualizar que una luz muy poderosa que llega desde el cosmos se dirige al cuarzo que colocaste sobre ti y que éste absorbe la energía.

Inspiras tres veces y llevas el aire al plexo solar, inflando levemente el vientre, recorriendo mentalmente tus órganos. Continúas relajándote, dejando salir el aire muy lentamente, aspirando dos veces más, llevando ese aire al pecho y recorriendo con él tus pulmones. Mientras sigues en este estado de relajación, también serenas tu corazón y tus vías respiratorias.

Vuelves a aspirar varias veces, y con cada respiración recorres tus pies, tus piernas y dejas salir el aire muy despacio… Continúas relajándote… Vuelves otra vez a tomar aire varias veces más y lo envías a tu corazón, recorriendo cada compartimiento auricular, cada válvula, cada arteria. Sueltas el aire muy lentamente y vuelves a inspirar. El aire que recibes lo envías mentalmente a los hombros, lo haces recorrer por el cuello y la cabeza, haciéndolo salir muy despacio. Entrarás en total relajación.

Ahora estás en condiciones de visualizar a los siete chakras mayores que están totalmente brillantes y muy energizados y por ellos, están igualmente energizados cada uno de los órganos de tu cuerpo.

Entonces le das las gracias a Dios y luego abres lentamente los ojos, tomas conciencia de tu cuerpo, y para finalizar, retiras el cuarzo que colocaste inicialmente sobre tu chakra base.

Nota

Este ejercicio, resulta bastante extenso expresado en palabras, pero si primero lo lees un par de veces, tendrás idea del *itinerario* fisiológico y no necesitarás estar ni con el libro en las manos ni abrir los ojos para ver cómo continúa el ejercicio. Cualquier camino que tomes para recorrer los sistemas de tu cuerpo, cualquiera sea la forma en que lo expreses, tu respeto, amor y aprecio, hará que ese sea el camino y la forma apropiados.

Utilización del agua energizada

El empleo del agua energizada da excelentes resultados para corregir diversos trastornos. Puede ser utilizada como laxante, como diurético, como estimulante, como tranquilizante, etc.

Ejercicio

Viertes agua en un vaso, sin llenarlo totalmente, tomas el vaso con las dos manos enfrentadas sin que las puntas de los dedos se toquen entre sí y lo levantas hasta la altura del entrecejo.

Cierras los ojos y te relajas totalmente con varias inspiraciones profundas. Entonces imagina que desde las yemas de tus dedos y de tu frente sale energía positiva, de color azul plateado, la que provoca en el agua un estado de efervescencia. Colocas mentalmente al vaso una etiqueta con la denominación que indique cuál es el uso que has de darle, para qué lo necesitas. Ej.: sedante; laxante; energizante, etc.

Y luego procedes a beber el agua, mientras vas visualizando la resolución del problema. A continuación, le agradeces a

Dios por el excelente resultado final obtenido y abres tus ojos lentamente, sintiéndote mucho mejor.

Es recomendable repetir este ejercicio cada noche hasta la obtención del resultado deseado.

También es posible energizar el agua, tomando el vaso con la mano izquierda por su base y haciendo como si se salpicara con energía positiva azul plateada con la mano derecha, la boca del vaso, procediéndose a continuación como en el método anterior.

Importante

Esto sirve también para ayudar a terceras personas, a quienes se les proporcionará el agua energizada para que la beban, sumándose así su propia energía positiva a la de quien suministra la ayuda.

La imposición de manos

Cuando impongas las manos —sobre ti mismo o en otra persona— tendrás la oportunidad desentir que eres capaz de la más grande de las realizaciones. A través del tiempo irás siendo testigo de los cambios positivos que se irán obrando en ti y en tu entorno.

Recomendaciones: La experiencia personal me permite afirmar que cuando el sanador trata de brindar ayuda a los demás, las reacciones que pueda tener el receptor o algún acontecimiento que se desarrolle durante la sesión, no deben llevarlo a creer que ha errado. Cuando las intenciones son buenas, todo lo que suceda debe ser considerado lógico y normal.

Ha habido oportunidades en las cuales durante una sesión de imposición de manos las personas han reaccionado, por ejemplo, llorando. En las primeras ocasiones en que sucedió, suspendía inmediatamente mi acción creyendo que había cometido algún tipo de falla, pero después de dialogar y analizar el hecho con la misma persona, llegué a la conclusión que no era así. Ella había encontrado el momento exacto de expresar sentimientos o penas reprimidas que afloraban de esta forma.

Lo que el sanador debe hacer en estos casos es continuar imponiendo las manos hasta que el receptor se calme y deje de llorar luego de liberar su angustia. Otra de las cosas que el sanador debe tener en cuenta es que no es su función asumir responsabilidad en el accionar o no de los demás.

Llegados a este punto, conviene hacer una advertencia. Hay que dejar de lado la idea que tienen algunas personas de que para lograr una sanación deben hacerse cargo de lo que no les es propio: "Voy a cargar con la enfermedad de tal persona". Si lo hicieren, puede suceder que, con el tiempo, hasta presenten los síntomas de esa enfermedad.

Quien considere la posibilidad de actuar como agente de sanación, tiene que saber que solamente lo hace como tal. No es necesario y menos aún deseable asumir la enfermedad de otros. Si bien algunos sanadores lo hacen, en la mayoría de los casos es porque desconocen cómo hacer para evitarlo o bien porque están convencidos de que la única manera de lograr la sanación es a través de sí mismos. Y no es así. Esta idea es falsa: cada uno es artífice de su propia e individual realidad —resulte ser esta como resulte— y, de aquello que sea patrimonio de los demás, sólo se podrá participar si se es invitado para participar, colaborar u opinar. Pero el problema de cada uno, es de cada uno. Para ser más claramente interpretado: cuando alguien tiene un amigo fumador o bebedor (por ejemplo) puede decirle, explicarle, acercarle la información que esté a su alcance, para ayudarlo, esclarecerlo y se aleje de ese vicio. Pero lo que no podrá hacer es dejar de fumar o dejar de beber por su amigo. Será una decisión y una acción individual.

Igual es con alguien que tiene un problema ligado a su salud. Se podrá hacer por él hasta un cierto punto, hasta donde lo permita. El hecho de interesarse y ocuparse de la salud de esa persona será de gran ayuda para que logre sanarse, pero para que la sanación ocurra, la persona debe estar dispuesta; antes debe haber aprendido sus lecciones, sopesado sus molestias, estar harta de su enfermedad y valorar el estado de salud.

He tenido encuentros con personas que concientemente han pactado consigo mismas cargar con la enfermedad de otro con el objeto de que se cure. Y la sanación ha tenido lugar. Estos individuos deben ser considerados buenos agentes de sanación, pero deben saber que no es necesario que carguen sobre sus hombros la enfermedad de otra persona. Bastará con que actúen como agentes de sanación para lograrlo.

Cargar con los problemas de los otros es algo que puede y debe ser evitado. Si bien es una actitud de gran generosidad, su peso puede llegar a afectar la propia salud. Y además al involucrarse, se pierde objetividad.

La sanación por la imposición de las manos

La sanación a través de las manos utilizando la energía vital es casi un arte, cuyo origen se remonta a disciplinas ancestrales y ha sido aplicado por casi todas las culturas de la Tierra.

Esa energía vital ha tomado diversas denominaciones según el pueblo que la aplique: los chinos la denominan "Chi" y los japoneses "Ki". Los griegos se referían al pneuma, los hebreos al rhua, sobre aquello que en sánscrito se llama Prana. Es siempre la misma Energía Vital, el "soplo de vida" del que hablaba Galeno, padre de la medicina moderna.

Más adelante los científicos hablaron del bioplasma o éter —a cuyo estudio se abocaron— y describieron algunas leyes de su comportamiento.

Todos estos conceptos se refieren a una energía sutil imperceptible a los sentidos, sustancia de todo organismo, que hace al ser encargándose de mantenerlo vivo, fortalecerlo y de suministrarle la fuerza vital necesaria para emprender y llevar adelante cualquier actividad.

Esa energía vital no es patrimonio de nadie en especial: está en el aire, en el cosmos. Quien impone las manos la toma de allí. La aplica sirviéndose de técnicas específicas para su mejor aprovechamiento: por ejemplo para desbloquear y descongestionar un órgano cargado de energías negativas que lo enferman, existen técnicas de limpieza agregadas a la transferencia de energías renovadoras, sanas y limpias que facilitan y permiten acelerar los procesos de recuperación.

El organismo naturalmente posee la tendencia a aceptar aquellos cambios que lo mantengan vivo, y cuanto más rápidos y eficaces sean estos, mejor será, porque evitará problemas que pueden complicar o dificultar el proceso de curación.

Esto implica comprender y aceptar que existe un estrato de energía sutil, conocido como aura, doble etéreo o cuerpo bio-plasmático, que envuelve e ínter penetra al cuerpo físico, pero que va más allá. Este campo de energía sutil está constituido a su vez, por un entramado de canales de energía que forman centros energéticos —chakras—, que se interconectan entre sí y que son los principales puntos que posee la energía para entrar y salir del sistema, llegando así hasta los órganos para cumplir con las funciones que debe cubrir según sea su zona.

Cuando la energía fluye limpia y libremente dentro de un sistema, se manifiesta en un óptimo estado de salud. Pero cuando por diversos factores se acumula, formando bloqueos o congestiones o bien se debilita, afectarán al sistema en sí y a la calidad de la energía que lo constituye, especialmente si estas alteraciones son frecuentes, continuas o permanentes. En tales casos se verá afectada la zona correspondiente y, por consiguiente, los órganos y funciones que se alimentan de esa energía. Por lo tanto es dable afirmar que, desde el punto de vista energético, la enfermedad es la manifestación de un desbalance de energía, por déficit, por exceso o por congestión, que impide al organismo mantener en equilibrio sus funciones. Esto es válido tanto en el aspecto físico, como en el emocional, mental y espiritual. Estos estados de desequilibrio que se manifiestan como síntomas o dolencias, pueden ser detectados y corregidos a nivel energético a través de métodos simples muy eficaces.

Tal es el caso de la imposición de manos, que rescata como enseñanza la utilización del poder sanador que hay dentro de cada ser humano, poniendo en funcionamiento los mecanismos internos que agudizan la sensibilidad para percibir la energía. Al mismo tiempo desarrollan la evaluación inteligente y el entendimiento del cómo, por qué y para qué de dicha energía, cada uno de los pasos del proceso y la ventaja de que puede ser aplicada de manera segura, con procedimientos descriptos con precisión. Quien trabaja lo va verificando en forma permanente. Sus efectos y los resultados obtenidos son la base en la evaluación de los tratamientos.

Es, por otra parte, una técnica muy práctica, ya que en su aplicación sólo se necesita usar las manos. En su desarrollo no intervienen instrumentos o elementos de ningún tipo, ni requiere de la utilización de drogas, por lo que no posee contraindicaciones, ni efectos colaterales.

La imposición de manos, lejos de contrariar las prácticas terapéuticas tradicionales, intenta complementarlas y apuntalar su accionar sobre todo cuando la persona a tratar está inmersa en un proceso que así lo requiere. Hoy día los médicos más ortodoxos han comprendido que pueden apoyar su accionar, permitiendo a sus pacientes la aplicación de terapias de diferentes disciplinas para sanarse. En este mundo, el actual, donde la velocidad de las comunicaciones pone al alcance de la mayoría los progresos científicos, no se puede dividir a la raza humana ni por el color de su piel, ni por su lenguaje, ni por el punto geográfico en que habitan sus integrantes. Formamos parte de un conglomerado de creencias y culturas, cuyos conocimientos deben ser sumados, para que formen un solo patrimonio —de todos— y estén al servicio del Hombre.

Conéctate con tu ser

Cuando un sanador se prepara a actuar, lo primero que debe hacer es abrirse a las fuerzas cósmicas conectándose con su propio ser por medio de la relajación. Esto le permitirá ponerse en contacto directo con su espíritu, no solamente para atender cuestiones de cualquier índole.

Como toda forma de meditación, necesitará de mucha práctica. Habrá quien obtenga buenos resultados en forma inmediata y quien requiera de un poco más de tiempo para lograrlo, pero si realmente existe interés en conseguir establecer un canal de comunicación con el propio espíritu, será necesario persistir y en poco tiempo se logrará.

Ejercicio

Siéntate cómodamente. Cierra los ojos, toma varias inspiraciones profundas y relájate.

Ahora vas a crear en tu imaginación "tu lugar de descanso", un lugar que puede o no existir en el mundo real, pero en el que te sientas totalmente feliz y durante algunos instantes habrás de disfrutar todo cuanto puedas de ese lugar.

Visualiza un camino que parta de tu "lugar de descanso", un sendero que no tienes idea a dónde puede llevarte. Comienza a avanzar por él, disfrutando del paisaje que recorre. Toma el tiempo necesario para hacerlo. Poco a poco, en el horizonte empiezas a vislumbrar un monte en el que hay una cueva. Ve hacia ella lentamente… Llegas a la entrada, donde hay un cartel en el que se lee "El sabio".

Entras a la cueva y te encuentras con un hombre viejo de barba blanca, muy larga. Toma el tiempo necesario para imaginarlo con claridad. Se miran, y en ese mismo momento te das cuenta que ese viejo sabio, es tu espíritu y te dispones a hablar con él.

Te invita amablemente a sentarte, lo haces y le solicitas autorización para sostener un diálogo de contenido muy profundo. Pídele que te cuente de aquello que más necesites saber en este momento de tu vida. Ten presente que las respuestas que obtengas serán demasiado rápidas y probablemente efímeras, así que mantente muy atento y no entrecruces sus conceptos con tus pensamientos. Lo primordial es que destierres de tu mente la idea de que es una locura y te dispongas a recoger toda la información posible, por muy extraña o absurda que te parezca en ese momento, para analizarla después con calma.

Cuando hayas finalizado la conversación, le agradeces su amabilidad y su tiempo y te despides de él hasta otra ocasión.

Al terminar el ejercicio, darás un agradecimiento a Dios, abrirás tus ojos lentamente, sintiéndote en perfecto estado de salud y feliz por haber mantenido un diálogo con tu espíritu: la mejor parte de tu ser.

Este tipo de ejercicio y la relajación que proporciona no tienen contradicción alguna, por lo que puede ser practicada cuantas veces sea necesario. Cuanto más lo hagas, obtendrás más información que te permita mejorar tu vida.

Escudo energético protector

La realización de este elemento de protección debe ser la respuesta a una necesidad que tenga el sanador antes de desarrollar su accionar. Será entonces cuando se abocará a construir mentalmente un escudo protector alrededor de su cuerpo para impedir que las energías negativas que pueda tener la persona que está por tratar, le sean transferidas.

El proceso generativo de este escudo se basa principalmente en la visualización creativa y la utilización de la energía.

El aura es el campo energético que rodea a los seres vivos. Está considerado como una proyección del cuerpo astral o sutil, algo así como un doble etéreo del cuerpo físico, del soma. Los ocultistas han hecho toda una ciencia de aquello de incrementar su tamaño, color y forma. Si bien se ha demostrado que cada uno puede influir en las características de su aura, sólo puede hacerlo temporalmente y a voluntad, trabajando en reforzar y mejorar su estado emocional y energético.

Si uno se siente vulnerable mientras está trabajando en una sanación, debe reforzar e incrementar el tamaño de su aura para fortalecer su capa protectora. También puede añadírsele color, aumentando aún más su poder protector. Debe hacerse visualizando mentalmente uno o más colores elegidos, y luego concentrándose para expandirlos.

Seguramente no se logrará todo esto en el primer intento. Pero la práctica serena y confiada premiará el esfuerzo.

Ejercicio —hacerlo solamente al comienzo del día—

Párate con los pies separados entre sí a una distancia equivalente al ancho de tus hombros y con los brazos y manos flojos, colgando a los lados del cuerpo. Cierra los ojos… Realiza una respiración completa tres veces. Deja que tus hombros caigan y relaja tu cuerpo. Al espirar, libérate de toda preocupación y ansiedad. Envíale este mensaje a tu cuerpo: esto es un obsequio para todo tu sistema funcional y también para tu protección.

Ahora toma una nueva inspiración, lenta y profunda. Mientras lo haces, notarás que hay una luz roja ascendiendo por detrás de ti, desde los talones de tus pies subiendo por tus piernas hasta llegar a la coronilla.

Al exhalar ves cómo esa misma luz roja va descendiendo desde la cabeza por la parte frontal de tu cuerpo, hasta llegar a los pies y por debajo de ellos. A medida que visualizas esto, se va formando a tu alrededor una esfera de luz roja.

Respira ahora luz de color anaranjado y rodea con ella por fuera a la esfera roja, del mismo modo que lo hicieras anteriormente, comenzando desde abajo y atrás, asegurándote de encerrar totalmente a la esfera roja dentro de la esfera creada en color anaranjado.

Respira luz de color amarillo y rodea con ella a la anaranjada.

Respira luz de color verde y rodea a la esfera amarilla.

Respira luz de color azul y rodea a la esfera verde.

Respira luz de color índigo y rodea a la esfera azul.

Respira luz de color violeta y rodea a la esfera índigo.

Visualízate dentro de la esfera reforzada con todos los colores, y siéntete completamente seguro y feliz.

Al terminar, agradece a Dios, abre los ojos lentamente y siéntete totalmente protegido.

Sesión de sanación

El lugar apropiado es aquel donde sientas que estás a gusto, con temperatura agradable y en el cual no seas interrumpido. Si es posible poner música, elije una que sea apropiada para la relajación, como música clásica suave.

Para trabajar conviene permanecer con los pies desnudos o cubiertos con medias de algodón a fin de absorber la energía del suelo. La ropa debe ser clara y liviana.

• Cubrirse con la burbuja de protección antes de comenzar a trabajar.

- Ubicarse de pie al lado de la camilla o lugar donde está recostada la persona a ayudar, explicarle la técnica a realizar. Pedirle que cierre los ojos —opcional—, que se relaje y ponga los brazos a los costados de su cuerpo con las palmas de las manos hacia arriba y capte la energía orando al mismo tiempo.

- De contar con cristales de cuarzo, es importante que el paciente sostenga uno en cada mano.

- El sanador procederá a abrir los chakras de sus propias manos.

- Descargará sus energías negativas.

- Se cargará de energía positiva.

- Pedirá y recibirá en un mismo acto la bendición de las manos.

- Medición de los chakras y valoración energética del paciente utilizando el péndulo.

- Visualización de los órganos desarmonizados por imposición de manos.

- Limpieza del aura.

- Sanación.

- Volver a medir los chakras con el péndulo para constatar la sanación.

- Hacer el gesto de una pirámide mental con ambas manos, por encima de cada uno de los chakras para *fijar* la sanación. Luego chasquear los dedos para dar por finalizada la sesión.

• Agradecer a Dios por haber permitido la realización del trabajo y por su resultado.

• Tras completar la sanación, frotar o agitar las manos para cortar los flujos de entrada y de salida de energía poniendo fin al proceso. Luego, debe lavar sus manos con agua corriente, natural. Así podrá continuar haciendo nuevas sanaciones sin que la propia energía se vea menguada, disponiendo de una buena reserva de energía personal.

• Concluida la tarea, pedirle a la persona tratada que permanezca en reposo unos cinco minutos más, y a continuación mantener con ella un corto diálogo para que cuente lo que sintió y cómo se encuentra ahora.

• El sanador debe tomar agua mineral al finalizar el trabajo, e invitar al paciente a hacerlo también.

Es recomendable descargar en forma diaria el remanente de energías negativas que pudieran quedar en la habitación luego de terminada la sesión. La descarga puede hacerse colocando un vaso con agua en cada uno de los rincones al final del día de trabajo. Al día siguiente, arrojar el agua de los vasos al desagote sanitario. Otra manera es simplemente aplaudiendo lentamente desde abajo hacia arriba en aquellos lugares donde sientas que el ambiente está cargado de energías negativas.

La burbuja de protección

Es imprescindible protegerse antes de realizar cada sanación. De este modo estarás evitando que te afecten las energías negativas del paciente. El color de la burbuja debe ser azul plateado o blanco.

Ejercicio

Siéntate cómodamente. Cierra los ojos y relájate.

Visualiza que una lluvia de energía positiva de color azul plateado que viene del cosmos cae sobre ti._

Esa energía positiva alrededor de tu cuerpo va envolviéndote hasta formar una esfera, transparente y compacta, como si fuera de cristal muy resistente, y en cuyo interior está uno mismo.

Concluida la realización de la burbuja, repetirás mentalmente varias veces: "por esta burbuja de protección sólo pasarán los elementos esenciales para la vida, la luz, el amor, la energía positiva y nada más. Estoy protegido por Dios, así lo siento y así es".

Bríndale un agradecimiento a Dios. Luego abrirás los ojos lentamente y te sentirás protegido y en perfecto estado de salud.

Apertura de los chakras de las manos

Para realizar la apertura de los chakras de las manos se coloca la yema del pulgar de una de ellas en el punto central de la palma de la otra, presionando un par de minutos. Repetir la acción con la otra mano.

Descarga de energías negativas

Antes de comenzar su trabajo, el sanador debe estar seguro que está limpio de energías remanentes de la sanación anteriormente efectuada, para no transferirlas. Deberá descargarse de energías negativas y tomar del cosmos energías positivas.

Ejercicio

Acomodas tu cuerpo sobre una silla o sillón, apoyas la espalda en el respaldo, te acomodas, cierras los ojos y ahora, afloja las tensiones para lograr el mayor grado de relajación posible.

A continuación, visualizas cómo por el Chakra coronario te penetra una luz "azul plateada" que va "limpiando" todo tu cuerpo de energías negativas —de color gris— y éstas salen de tus pies.

Mientras lo haces, te vas repitiendo mentalmente tres veces: "Dios me limpia de energías negativas".

Al finalizar harás un agradecimiento a Dios y luego abrirás los ojos, sintiéndote en perfecto estado de salud y libre de toda negatividad.

Cómo cargarse de energía positiva

Ejercicio

Estando de pié en una posición de equilibrio cierra los ojos. Concéntrate. Flexiona los brazos para que las manos queden a la altura de los hombros y empieza a girarlas con los dedos levemente abiertos, como si fueran pequeñas antenas dirigidas hacia arriba. Mientras lo haces te vas diciendo mentalmente, tres veces: Dios cárgame, lléname con tu energía sanadora.

A medida que repites varias veces esta frase, visualizas que tu aura se expande cada vez más.

Finaliza este ejercicio con un agradecimiento a Dios. Abre los ojos, sintiéndote energizado y en perfecto estado de salud.

La bendición de las manos

Ejercicio

Te paras con los pies separados, para que el peso de tu cuerpo esté bien repartido. Cierras los ojos, tomas varias inspiraciones y te relajas.

Flexiona los brazos hasta que las manos queden a la altura de los hombros, las abres con las palmas hacia arriba y le pides a Dios que las bendiga. Visualizas que envía hacia ellas una luz muy fuerte, un haz de energía positiva que las torna resplandecientes. Al tiempo que sucede esto, vas girándolas y visualizando que de tus manos se va difundiendo el resplandor de la energía, y que su luz llega muy lejos.

Ahora le darás las gracias a Dios, abrirás los ojos lentamente y te sentirás tan bien que no podrás creerlo. Te notarás completamente energizado.

Medición de los chakras y diagnóstico energético por intermedio del péndulo

Previamente a brindarle ayuda a alguna persona, se debe proceder a la armonización de sus chakras. Conviene establecer el estado de cada uno de ellos y determinar si están abiertos o cerrados o si alguno tiene anomalías.

A continuación indico cuáles son los pasos a seguir:

- Para medir la energía de cada chakra, el individuo que espera ser ayudado, debe estar tendido en una camilla o similar.

- El sanador procede en primer término a descargarse de la energía negativa que porta, cargarse de energía positiva y protegerse. Luego realizará varias inspiraciones profundas y se relajará.

- Se ubicará, generalmente de pie, a un lado de la persona que queremos ayudar, para proceder a detectar con el uso del péndulo la presencia de posibles anomalías. Con los hombros relajados y flexionando el brazo considerado de mayor fuerza en un ángulo de aproximadamente 90 grados, con su antebrazo junto al cuerpo hasta más o menos la altura del abdomen, procederá según lo indicado en el capítulo referido a Radiestesia. Así el péndulo oscilará libremente y dará su respuesta con inmediatez.

- Sosteniendo el péndulo suspendiendo a unos cinco centímetros del chakra u órgano cuya energía se desea medir, se lo verá girar: la velocidad y la amplitud de su giro indicará cuánta energía fluye de él.

- Si la dirección del giro es en el sentido de las agujas de reloj, denota un chakra abierto, lo que quiere decir que las funciones reguladas por ese chakra están equilibradas. El giro en sentido contrario a las agujas de reloj corresponde a un chakra cerrado, lo que significa que la energía está bloqueada.

- En un estado saludable, el flujo de la energía de todos los chakras debería ser de igual intensidad. En tal caso la velocidad y la amplitud del giro del péndulo deberá dar el mismo resultado en la medición de todos los chakras.

- Si el péndulo permanece estático, si no realiza ningún movimiento, está indicando que el chakra no metaboliza la energía del campo magnético universal y la persona tiene altas probabilidades de estar enferma o enfermar a corto plazo.

- Los movimientos elípticos o desordenados indican desequilibrio en esos chakras.

Con el tiempo y sin emplear el péndulo, un sanador es capaz de detectar la calidad de la energía que emite una persona. Esto no es lo habitual: se logra luego de una práctica intensa y continua.

Diagnóstico por imposición de manos

Técnica 1

Tener la capacidad de percibir, *escuchar con las manos,* sentir determinadas señales que son emitidas por los distintos patrones de ordenamiento de la energía, imperceptibles para la mayoría de la gente y ser capaz de brindarles la debida atención, es un privilegio de pocos. Estas manifestaciones tan sutiles forman parte de la etapa de estimación del campo de gravedad que rodea a un cuerpo determinado. La clave para lograr que la estimación que se realiza sea la correcta, está en hacerla en un estado de concentración mental sostenido y enfocar la atención en percibir las diferencias en las sensaciones que se experimentan al imponer las manos sobre un cuerpo, haciéndolo a unos cinco centímetros por encima de él.

La estimación del campo electromagnético es un muy interesante método de diagnóstico del estado energético del individuo que se evalúa.

Para hacerlo, el receptor debe estar acostado y relajado. El sanador, de pié junto a él, procederá a imponer sus manos a unos cinco centímetros por encima del cuerpo físico con el objeto de recibir la información que el propio organismo del receptor pudiera brindarle. Debe recorrer el cuerpo de cabeza a pies a un ritmo pausado y constante, sin detenerse, salvo que perciba alguna anomalía.

A los efectos de corroborar la información obtenida, conviene que el paciente se acueste tanto sobre su espalda como sobre su pecho, lo que permitirá confirmar los resultados.

Las descripciones realizadas por los operadores de las sensaciones experimentadas y sus diferencias han servido para clasificarlas en:

- **La congestión libre**, que es percibida como calor, con densidad y pesadez.

- **El bloqueo de energía**, que es percibido como frío, falta de vitalidad, de movimiento o sensación de vacío.

- **El déficit de energía**, percibido como una sensación de tironeo o absorción por parte de algún sector del campo.

Técnica 2

- Colocando las manos a unos cinco centímetros del cuerpo físico del individuo, a manera de *rozar su aura* el operador comenzará a sentir como propios los síntomas que sufre la persona. Es esta la manera que tienen algunos sanadores de ubicar a través de su propio cuerpo las dolencias de otros.

Técnica 3

Algunos expresan su capacidad de interpretación viendo los órganos por intermedio de los colores. Haciendo imposición de sus manos y cerrando los ojos, pueden visualizar colores muy brillantes, claros y muy hermosos. Esto sucede cuando los órganos están sanos y armonizados. Si en cambio se visualizan colores oscuros y opacos, especialmente en tonos grises y negro, significa que los órganos no están armonizados y tienen algún problema.

Limpieza del aura del receptor

Limpiar el aura del receptor es necesario porque con ello se mejora y facilita la absorción de la energía. Cuando no se realiza esta limpieza del aura, la sanación tarda más en realizarse y requiere de más energía.

Paso 1

- El receptor debe tenderse sobre su espalda. Pídele que cierre los ojos y que trate de relajarse lo mejor posible. Una vez que lo haya conseguido, comienzas a trabajar con tus manos. Empiezas por la cabeza del paciente, realizando movimientos suaves, descendiendo hasta llegar a los pies. Repetirás este accionar varias veces y a medida que lo hagas irás *sacando* de su cuerpo y *arrojando* lejos de él sus energías negativas. De esta forma se incrementará la circulación de la energía que quedó en su cuerpo, que por supuesto, es positiva y por lógica consecuencia, aumentará el ritmo de sanación.

Paso 2

• Realizar el mismo procedimiento pero con el paciente boca abajo.

Paso 3

• Al finalizar, realizar sobre el aura un chasquido con los dedos, resbalando la yema del pulgar contra la del dedo mayor de la misma mano. Se utiliza también al comenzar y al finalizar una sanación, haciéndolo por encima de la zona tratada. No deben chasquearse así los dedos durante la sanación ni mientras la persona esté recibiendo o integrando energía.

Armonización con el cuarzo

Importante

Al tomar el cristal de cuarzo debe hacerse con su punta hacia fuera y con la mano de mayor fuerza. Esta armonización debe realizarse sólo una vez por día.

Paso 1

Una vez que la persona que ha de ser tratada se haya recostado y relajado debidamente, el sanador debe colocarse detrás de ella o bien junto a su cabeza, siempre por detrás. Con el cuarzo en su mano comenzará a hacer movimientos giratorios en el sentido de las agujas de reloj sobre cada uno de los hemisferios cerebrales, primero por encima del derecho y luego sobre el izquierdo, aproximadamente veinte giros sobre cada uno, alineándolos para que el receptor logre claridad en sus conceptos y en su mente. Las áreas, ahora limpias, tendrán un mejor funcionamiento y mayor actividad. Se puede acceder a un cinco por ciento más de actividad cerebral con esta terapia.

Esto le procurará también una agradable sensación de bienestar. Es recomendable hacer este tratamiento a personas que padecen depresión clínica y aquellas que tengan fatiga mental crónica.

Una vez finalizada la tarea, se dejará al receptor en reposo por unos minutos, para que luego retorne a la realidad sin alteración alguna.

Paso 2

Una vez armonizados los hemisferios cerebrales, se continúa haciéndolo con los demás chakras. Conviene armonizarlos a todos y establecer para ellos un mismo nivel de vibración. Se trabaja siempre desde arriba hacia abajo, de cabeza a pies, comenzando por el chakra coronario.

Por encima de cada uno de los chakras, hacer girar el cuarzo entre quince y veinte vueltas en el sentido contrario a las agujas del reloj. A la vez, comience a visualizar que extrae la energía más densa que pueda tener ese chakra. Cuando se está seguro de haberlo logrado, inmediatamente se invierte la dirección de giro del cuarzo al mismo sentido de las agujas del reloj, realizando otras veinte vueltas. En ese momento visualizar al chakra cubriéndose de energía positiva, totalmente armonizado y de color "azul plateado".

Cuando se termina con los siete chakras mayores, debe hacerse una visualización integral para constatar el resultado y hacer o no los repasos necesarios para su armonización.

Paso 3. Imposición de manos

El sanador impone las manos al receptor, según lo indicado anteriormente, entre cinco y diez centímetros por encima de él, sin tocarlo. Al mismo tiempo, va visualizando cómo desde las palmas de sus manos surge la energía positiva que va directamente al cuerpo del receptor, y se instala en aquellos órganos que necesitan ser armonizados o sanados.

Cada imposición debe hacerse durante el tiempo que se estime necesario —unos tres o cuatro minutos deberían ser suficientes—. El sanador no debe tener urgencias propias mientras está realizando su tarea. Su prioridad debe ser la persona que está ante él.

Una vez concluido el trabajo sobre uno de los órganos, continuará haciéndolo sobre el siguiente.

La energía que se aplica en estos casos es siempre positiva, no tiene efectos secundarios ni contraindicaciones. Es compatible con cualquier terapia o tratamiento. Más aun, la imposición de manos complementa y potencia a la medicina tradicional y a sus tratamientos.

A continuación, algunas zonas del cuerpo humano y sus órganos respectivos para tratar ciertos males:

- Fortalecimiento del sistema inmunológico
- Problemas a la vejiga, próstata, órganos genitales
- Disturbios sexuales
- Menopausia
- Tensión en la pelvis
- Problemas al estómago, hígado, páncreas, intestino delgado y grueso, divertículos y malestares con gases.

Para estos casos, la posición de la persona debe ser preferentemente sobre una camilla, acostada sobre su espalda, con los brazos extendidos a los lados del cuerpo, ojos cerrados y relajada. El sanador permanecerá de pié a su lado, concentrado, imponiendo sus manos por encima de la zona abdominal durante unos tres o cuatro minutos.

- Estados de angustia y depresión
- Pulmones
- Mamas (displasia mamaria, nódulos, etc.)

En estos casos se utilizará igual postura, pero para las mamas, variará la colocación de las manos que será por encima de la zona del pecho.

- Corazón,

- Garganta,

- Sistema nervioso periférico,

Aquí las manos se impondrán directamente sobre la zona de la garganta y el corazón.

- Sistema nervioso central

- Oídos

- Ojos

- Boca

- Nariz

Para tratar estas zonas, las manos se colocarán una por encima de la frente y la otra sobre la boca.

- Dolores de cabeza por nerviosismo

- Tensiones o contracturas

- Estrés

- Trastornos del equilibrio

- Columna cervical.

Para estas afecciones, la posición del sanador no variará, pero la persona que está recibiendo ayuda deberá permanecer acostada boca abajo. El sanador deberá colocar sus manos sobre la parte inferior de la cabeza y parte superior de la espalda.

- Dolores de espalda y cintura

- Riñones

• Cadera

• Ciático

Las manos se impondrán sobre la zona de cintura y cadera.

Para dolores óseos y musculares en las **piernas** y malestares ocasionados por **várices**, la imposición de las manos se realizará sobre las piernas.

Sanaciones psíquicas

Utilicemos la fuerza vital para realizar sanaciones dirigidas al organismo, canalizándolas por medio de las manos y la imaginación.

Ni la sanación ni la cirugía por medio de la mente son de modo alguno fenómenos que surgieran en estos tiempos. Muy por el contrario, son expresiones de un primitivo arte de sanar, cuyas raíces deben ser hurgadas en las costumbres mágicas de culturas igualmente primitivas y en la de algunos pueblos que aun hoy las conservan tal cual, sin haberse intelectualizado.

Las *culturas mágicas* intentaron siempre influir en el entorno y especialmente sobre el cuerpo humano valiéndose de fuerzas anímico-mentales. A diferencia de ellas, nuestras llamadas *culturas superiores* lo hacen basándose en la aplicación y utilización de medios químico-técnicos. De acuerdo con esto, queda determinada cuál es la base del arte de curar en ambas culturas.

La acción mágica se apoya sobre una realidad ligada a lo filosófico y a las leyes naturales. Consiste en un esfuerzo por llevar la idea —lo pensado—, al mundo de lo real —lo material—.

Hasta hace no tantos años, la ciencia se movía dentro de un campo perfectamente demarcado y se negaba a dar cabida en él a aquello que no estaba de acuerdo a sus principios, a experiencias realizadas en laboratorios reconocidos y a hechos científicamente demostrables según los métodos tradicionales.

Hoy, la realidad cuerpo-mente, vista como un todo, como una unidad indivisible recíprocamente influenciable, es un hecho innegable, aunque aún continúe siendo un misterio cómo es que la mente influye en algunos procesos corporales y puede controlar funciones que, para la ciencia, son ajenas a la acción de la voluntad. No obstante, la ciencia reconoce las funciones del organismo, y ha debido rendirse ante modificaciones de procesos biológicos y la evidencia de sanaciones, hechos que décadas atrás, eran inaceptables.

El sistema de sanación psíquica es la mejor prueba de estas realidades. Revela el camino para alcanzar rápidamente una armonización que actuará contribuyendo a la recuperación en procesos orgánicos que se llevan a cabo en distintas partes del cuerpo físico.

Los resultados que se obtienen son realmente sorprendentes. Las personas que han confiado y lo han logrado son quienes pueden dar testimonio del poder de la energía que posee el ser humano, y de la que recién comenzamos a tomar conciencia.

Tratamientos

Para tener en cuenta: Si bien las técnicas que se incluyen en este libro consisten en llevar a cabo un trabajo meramente mental, en todos los casos la parte gestual debe hacerse realmente. Cuando se indica *tomar* un objeto con las manos, ha de realizarse efectivamente esa acción, aunque dicho objeto no sea tangible, sino una creación imaginaria y forme parte de la realidad mental. Lo mismo ocurre con abrir, cerrar, atar, suturar, etc. En todos los casos, las acciones deben ser reales y si bien al principio no serán tan fáciles de realizar, con la práctica llegarás a sorprenderte de la capacidad que tienes para hacerlo.

Finalmente es necesario que sepas que lo más importante es la intencionalidad de tu acción y la bondad del corazón que tienes, reflejo de tu cercanía a Dios.

Para tranquilizar a una persona

El operador debe descargar de su cuerpo la energía negativa, tomar energía positiva y protegerse.

Sugerirle al receptor, que estará sentado, que piense en algo agradable y se relaje.

Colocarse de pié junto a él, estableciendo contacto mental e igual ritmo vibracional respiratorio. Si el paciente está tenso o alterado, al visualizar su cerebro, habrá de vérselo de color gris.

Hacer entonces imposición de manos por encima de la cabeza con movimientos desde adelante hacia atrás. Repetirlo varias veces e ir imaginando cómo va cambiando el color del cerebro, del gris al dorado hasta tornarse totalmente dorado.

Luego, llevar la imposición de manos a la zona de la nuca, visualizando que tanto la médula espinal como los nervios —que son filamentos que salen de ella— van tomando color dorado y que juntamente con el cerebro, están vibrando con dicho color. Al mismo tiempo, repetir mentalmente al paciente varias veces: Estás nervioso… Cada vez menos nervioso… Ya no estás nervioso.

Finalmente, visualizar y sentir a la persona tranquila. Entonces sabrá que ha logrado su objetivo. Agradecer a Dios el excelente resultado obtenido. Ahora el paciente podrá abrir lentamente los ojos.

Cómo aliviar el dolor de muelas

Descargar la energía negativa, cargarse de positiva y protegerse en la forma habitual.

Cerrando los ojos y haciendo imposición de manos sobre el rostro del afectado, visualizar cuál es el problema en su dentadura. Crear y luego tomar en una de las manos, un aerosol en cuya cubierta está escrita la palabra *anestesia* y realizar una descarga de su contenido sobre la muela. Al mismo tiempo, pasar la otra mano por sobre esa zona, desde arriba hacia abajo varias veces, hasta que desaparezca el dolor, siempre sin tocar. Luego cubrir o rellenar mentalmente la pieza dentaria con energía en pasta de color azul plateado, visualizando un excelente resultado final y que la persona no siente más dolor, está contenta y agradeciendo la sanación.

Cómo aliviar el dolor de cabeza

La persona que siente dolor de cabeza (cefalea) deberá sentarse cómodamente en un lugar poco ruidoso y con suave iluminación, con el objeto que logre el mayor grado de relajación posible. Se le sugerirá que respire rítmica y profundamente y que traiga a su mente un recuerdo o un pensamiento agradable —un viaje, un lugar, un encuentro— o bien que pronuncie una oración.

El sanador, de pie detrás de ella, debe concentrarse, descargar su energía negativa, tomar energía positiva y protegerse.

Colocar sus manos unos diez centímetros por encima de la cabeza del paciente con quien previamente habrá logrado establecer igual frecuencia vibracional y respiratoria. En este punto visualizará al cerebro del paciente de un color gris oscuro —energía negativa—. Comienza a trabajar haciendo con sus manos movimientos de *barrido* dirigidos de adelante hacia atrás, como si *peinara la cabeza*, imaginando que el color del cerebro va cambiando de gris a dorado.

Tomará en su mano izquierda un globo rojo imaginario que está desinflado, y en el que irá introduciendo todo el dolor que recogió en el barrido. Lo inflará con oxígeno tomado de un recipiente también imaginario, y luego de atarlo lo arrojará al cosmos. A medida que el globo va desapareciendo en las alturas, le repetirá al paciente mentalmente:

te duele la cabeza... Cada vez te duele menos... Ya no te duele más... Una vez dichas estas frases varias veces, visualice un resultado final excelente, un paciente sin dolor, tranquilo y feliz.

Para concluir la sanación se agradecerá a Dios el haberlo logrado, se producirá un chasquido con los dedos y se abrirán los ojos lentamente.

Eliminar virus y microbios

Se ubica al receptor según lo muestra la figura 3. El operador que haga esta tarea debe cerrar los ojos y establecer con el paciente la misma vibración respiratoria.

El siguiente paso consiste en imponer sus manos, pasándolas varias veces por encima del cuerpo del paciente —sin tocarlo— recorriéndolo de cabeza a pies. Tomar gestualmente en una de sus manos un recipiente imaginado de color rojo y colocarlo en el piso, a los pies de la persona que está acostada. Luego, pensar en que los virus y microbios están organizados como un ejército comandado por un jefe ,y le ordena mentalmente que tanto él como su tropa —los demás virus o microbios— abandonen el cuerpo de esa persona. Entonces, visualizar que inmediatamente los virus y microbios, miles de ellos, salen por los pies y van cayendo dentro del recipiente rojo. Todo esto sin dejar de pasar las manos siempre en el mismo sentido. De cabeza a pies.

Cuando se tenga la certeza de que todos los microorganismos abandonaron el cuerpo y que todos están dentro

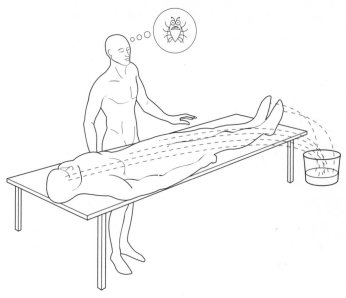

Figura 3

del recipiente rojo, se lo toma nuevamente en las manos, se reduce su tamaño como para poder introducirlo dentro de un globo rojo desinflado, que posteriormente se llenará con gas. Una vez inflado y atado, se arroja al cosmos, viéndolo desaparecer. Se le repite mentalmente varias veces al paciente: "No tienes más virus. Ya se han ido de tu cuerpo. Estás curado".

Ahora el operador visualiza los resultados obtenidos: todo está bien y en orden. Agradece a Dios por lo logrado y hace un chasquido con los dedos. Ambos abrirán lentamente los ojos.

Curación de un dolor fulgurante de úlcera gástrica

Como primera medida, el operador realizará imposición de manos sobre el epigastrio —zona donde se encuentra el estómago— del individuo a tratar.

Al cabo de algunos minutos de pase de energía, el dolor cederá pero no lo suficiente, ya que ese dolor generalmente es producido por una gastritis recurrente o la reactivación de alguna úlcera gástrica.

A continuación, y con la mayor concentración en su accionar, junte las manos y entrecruce todos los dedos, excepto los dos índices. Apunte con ellos hacia delante y realice mentalmente un corte de unos cuatro centímetros. *Extraiga* el estómago, pincélelo con una sustancia curativa, protectora y antiácida, dejando caer unas gotas más de ese mismo componente para reforzar el resultado. Vuelva a colocar el órgano a su lugar, haga las suturas correspondientes para cerrar la herida del abdomen. Coloque allí una pirámide mental, dejándola para que continúe generando energía mientras sea necesario.

Al terminar este proceso, el dolor habrá desaparecido. Será el momento de agradecerle a Dios por la sanación realizada.

Invaginación intestinal

Como es habitual, comenzar por descargarse de energía negativa, cargarse de la positiva y realizar su propia protección.

Con el paciente en posición horizontal, abrir mentalmente su abdomen y ver que una porción del intestino delgado está inserta dentro de otra.

Habiendo logrado un excelente grado de concentración, enviar toda la energía posible sobre la porción intestinal de la invaginación que está por fuera, y con toda la fuerza de la mente trabajar en ablandar la parte más rígida, que es la porción interna para que ésta ceda y el intestino recupere su situación normal. Hacerlo por espacio de unos tres minutos la primera vez y repetir esta práctica si fuera necesario.

Proceder a realizar el cierre del abdomen y terminar en la forma acostumbrada, agradeciendo a Dios.

Tratamiento para la sinusitis

Comenzar en la forma habitual: descargándose de energías negativas, tomando energía positiva y protegiéndose.

De pie frente al receptor, el operador cerrará los ojos, colocándose a su mismo nivel respiratorio vibracional.

En estas condiciones, imponer las manos para luego colocar mentalmente drenajes en los pómulos y en los senos frontales, los que vaciarán en un recipiente rojo, también imaginario, colocado debajo del rostro. Con una de las manos hacer movimientos siguiendo la dirección de los drenajes —de arriba a abajo— para incentivar la salida de la afección. Visualizar que la energía negativa — de color gris oscuro— sale a través de los drenajes y cae dentro del recipiente rojo, de tal forma que la parte afectada quede totalmente limpia.

Luego tomará con una de sus manos un globo rojo desinflado, y con la otra el recipiente rojo que contiene la energía negativa extraída, al que reducirá de tamaño para poder introducirlo en el globo. Acto seguido inflará el globo con oxígeno, y una vez atado convenientemente, lo soltará al cosmos viéndolo desaparecer.

Entonces, repita mentalmente al paciente tres veces: "Estás curado de la sinusitis. Ya estás curado". Realice una nueva visualización en la que el resultado es excelente. Agradezca a Dios por ello y haga un chasquido con los dedos. Finalmente, ambos abran los ojos lentamente.

Cómo corregir problemas pulmonares

Proceder a descargarse de la energía negativa, cargarse de energía positiva y protegerse en la forma ya anteriormente indicada.

Con la persona afectada frente a uno, visualizar el problema, determinarlo y, haciendo un chasquido con los dedos, detener el tiempo —todo esto es un hacer mental—. Abrir el tórax y "desconectar" los pulmones que se verán de un color gris oscuro. Para proceder a su sanación, conectar a la parte superior de cada uno de ellos una manguerita, por medio de la cual comenzará a introducírseles energía positiva. En su parte inferior conectar otro par de elementos que permitirán el drenaje de la energía negativa hacia un recipiente rojo. A medida que la energía positiva va ingresando a los pulmones, la negativa irá saliendo de ellos, hasta haberlo hecho completamente.

Figura 4

Reducir el tamaño del recipiente e introducirlo en un globo rojo desinflado. Inflarlo y atarlo para arrojarlo al cosmos. Mientras va perdiendo de vista al globo, repetir mentalmente al paciente tres veces: "Tus pulmones se han curado. Ya estás curado del problema pulmonar".

Retirar las mangueritas y drenajes, volver nuevamente los pulmones a su circuito funcional y hacer otro chasquido con los dedos al decir de "¡tiempo!", para que éste corra nuevamente.

Visualizar la completa mejoría del enfermo, darle gracias a Dios por ello y abrir los ojos lentamente.

Cómo corregir el mal funcionamiento de los riñones

Estando los dos, operador y receptor de pie, el primero se concentrará, descargará su energía negativa, tomará energía positiva y se protegerá cubriéndose.

Establecer entre ambos un ritmo respiratorio vibracional concordante.

Visualizar los riñones del receptor —ubicado de espaldas— como *filtros* obstruidos por la acción de la energía negativa, razón por la cual no funcionan correctamente.

Conectar mentalmente a la parte superior de los riñones unas pequeñas *mangueritas* por las que recibirán energía positiva que los irá llenando, limpiándolos de impurezas y empujando fuera de ellos la energía negativa que irá saliendo por otro par de *mangueritas*, similares, las que colocadas en la parte inferior de los riñones, volcarán los desechos dentro de un recipiente rojo. Una vez que los riñones vacíen la energía negativa, desconectar las mangueritas.

Tomar con una de sus manos un globo imaginario rojo desinflado, con la otra, el recipiente rojo reducido de tamaño para introducirlo dentro del globo. Inflarlo, atarlo

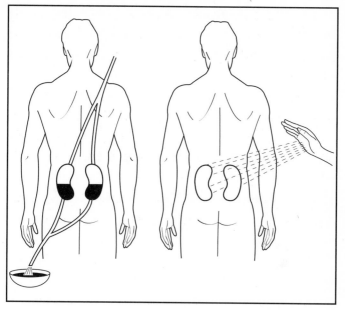

Figura 5

y enviarlo al cosmos. Al mismo tiempo, visualizar que el paciente ya no presenta la enfermedad renal, se siente saludable, su piel tiene buen color, etc. Sus riñones están nuevamente funcionando correctamente.

Pasarle nuevamente energía por medio de la imposición de manos, agradecerle a Dios por el resultado obtenido, hacer un chasquido con los dedos y abrir los ojos lentamente.

Técnica para normalizar la tensión arterial

Descargarse de energía negativa, tomar positiva y protegerse del modo habitual.

Ubicarse de pie frente al paciente. Visualizar a uno de sus lados, un gran reloj —tensiómetro— en el cual se registrará la medición de la presión arterial a este momento.

Consultar los valores entre los cuales sus registros son considerados normales —mínimo y máximo—.

Conectar desde el antebrazo derecho dos mangueritas: una que va al reloj y la otra, que tiene una perilla en el otro de sus extremos, es sostenida por quien realizará la medición.

Utilizando esa perilla, colocar mentalmente los valores dentro de los considerados normales y visualizar tales valores en el reloj.

Desconectar las mangueritas, y visualizar al receptor bien, sin alteraciones. Como es habitual, agradecer a Dios por haber permitido realizar la estabilización de la presión arterial.

Nota

Vale aclarar que esta misma técnica puede utilizarla uno consigo mismo.

Afecciones en la sangre

Para hacer esta práctica, el receptor deberá permanecer tendido sobre su espalda y el operador de pié. Concentrado y con los ojos cerrados, descargar la energía negativa, tomar energía positiva y cubrirse.

Vuelvo a mencionar que todo esto es un trabajo mental. Pero las acciones gestuales deben ser realizadas en todos los casos.

Con el paciente delante, imaginar que a un lado de él y a mayor altura, hay un bidón con sangre en óptimas condiciones para transfundírsela, y que al lado contrario, apoyado sobre el piso, hay un balde o recipiente vacío de color rojo.

Con una manguerita que sale del bidón, llevar la sangre desde él a uno de los brazos de la persona a transfundir. En el otro brazo, colocar una canilla o grifo para permitir la salida de la sangre enferma, la que caerá dentro del balde. Así se hará el cambio de sangre.

Cuando la totalidad de la sangre haya sido mentalmente reemplazada en el cuerpo, desconectar la canilla y la manguera, en ese orden y colocarlas dentro del balde con su contenido de *sangre mala*.

Con la mano izquierda tomar un globo rojo desinflado, introducir en él el balde previamente reducido y luego inflarlo con oxígeno. Atar y soltar el globo, que irá perdiéndose en el infinito.

Hacer entonces la imposición de manos para pasarle energía al receptor. En tanto, visualizar que rápidamente se va recuperando y que la vitalidad vuelve con la sangre nueva.

Agradecer a Dios por el éxito en la tarea realizada y lentamente abrir los ojos.

Cómo mejorar afecciones en huesos, tendones y músculos

Fisuras, luxaciones y otros

Cerrar los ojos, relajarse bien y proceder como siempre a descargar la energía negativa, tomar energía positiva y protegerse.

Hacer luego la imposición de las manos sobre la zona afectada, visualizando como si el músculo, tendón o hueso tuviera una fisura.

Unir sus partes y sellarlas con energía, haciendo movimientos cruzados —como la letra "x"— con el dedo pulgar, por encima de la rajadura, diciendo mentalmente al mismo tiempo una frase como la siguiente: *Aun-nau... Du-per... Du-fil... An-tete... Ede-nona... Du-per... Du-fil... A-men.*

Visualizar que la afección va desapareciendo, que con seguridad, está sellada. Agradecer a Dios por el resultado. Hacer un chasquido con los dedos y abrir lentamente los ojos.

Recomendación: Si fuere necesario, repetir el tratamiento.

Tratamiento para artrosis y artritis

Cerrar los ojos, descargar la energía negativa, cargar la positiva y cubrirse en la forma habitual.

Sentados frente a frente, tomar las manos de la persona a tratar y mentalmente ir desarmando la estructura ósea de sus dedos. Visualizar sus piezas como si estuvieran recubiertos de un polvillo blancuzco.

Tomar una lija y pulir cada huesito, hasta *verlos* perfectamente limpios de lo que los recubría, sin imperfecciones, soplando por sobre la superficie pulida para eliminar todo el polvillo.

Luego untar cada pieza ósea con una pomada *mental* verde, que es calmante, lubricante y protectora. Este es un trabajo que debe ser minuciosamente realizado en huesos y articulaciones.

Armar nuevamente con las partes la estructura ósea. Terminar la curación aplicando energía positiva en la parte tratada, visualizando que los dedos se mueven a la perfección, sin dolor y sin problemas.

Para finalizar, agradecer a Dios por la sanación realizada y abrir los ojos lentamente.

Nota

La misma técnica puede ser aplicada en cualquier parte del organismo donde haya artrosis o artritis: codos, hombros, columna vertebral, rodillas, etc.

Tratamiento para dolor intervertebral

Esta afección provoca fulgurantes dolores debido a que el espacio entre dos vértebras es menor al que corresponde y por lo tanto, se registra una compresión sobre los nervios que pasan por esos espacios intervertebrales.

Para realizar esta sanación, como es costumbre, primero debe descargar las energías negativas, cargarse de positivas y proceder a protegerse, cubriéndose.

Cerrar los ojos, relajarse bien y luego mentalizar la zona afectada.

Visualizar las vértebras muy juntas, más de lo conveniente. Con pases de energía intentar aflojar tanto los músculos como los nervios, que en esa zona están muy tensos, para poder llegar hasta las vértebras. Proceder de la misma forma que se hizo con los huesos de la mano en el caso de la artrosis: retirar mentalmente ambas vértebras de su lugar y con una *lija mental* pulir su superficie para recuperar su forma original, luego *soplar* para que no quede polvillo y recubrirlas con una crema anti-inflamatoria. Ubicarlas nuevamente en su debido lugar, cuidando que la luz entre ellas y las demás vértebras sea la suficiente para que los nervios y la médula ósea, pasen sin compresión. Inmediatamente con imposición de manos, cubrir toda la zona de energía para reforzar la sanación, así el dolor cesará por completo.

Para finalizar, abrir los ojos lentamente y agradecerle a Dios.

Quiste de ovario

De acuerdo a lo habitual, el operador habrá de descargar de su propio cuerpo las energías negativas, cargarse de energía positiva y protegerse antes de comenzar su tarea.

Con la receptora o paciente en posición acostada, delante de él, visualizar la zona a trabajar e imponer las manos sobre la misma. Luego, mentalizar el ovario enfermo, al que notará inflamado y oscuro. Es aquí donde empieza su trabajo en sí, enviándole energía positiva hasta verlo retornar a su estado normal.

Usar realmente sus manos y crear mentalmente los instrumentos. En una mano, sostener un frasco en cuya etiqueta se lee "para regular la actividad ovárica", y con la otra tomar una jeringa.

Extraer el líquido del frasco e inyectarlo en el mismo ovario. Al cabo de unos minutos, visualizar que todo ha vuelto a la normalidad y que su deber ha sido cumplido. Finalmente, abrir los ojos y agradecer a Dios por la sanación.

Otra opción

Estando ambos ubicados como lo indica el ejercicio anterior, el operador comenzará a trabajar primeramente sobre su persona, visualizando que la energía que entra por su Chakra coronario —el que está en la parte superior de la cabeza— le recorre todo el cuerpo, sube nuevamente por el tronco y va en dirección de sus brazos para salir por las manos. Ya está preparado. Ahora ha de relajarse y mentalizar la zona a trabajar.

Empiece a transmitir esa energía que emana de sus manos a la zona pélvica. Luego, cual cirujano, realice mentalmente una incisión con su bisturí imaginario en la zona previamente determinada, y continúe con todos los pasos que considere necesarios para cumplir su objetivo. Separará la parte quística del ovario, que cubrirá de energía para evitar dolores y la formación de nuevos quistes.

Usando ambas manos, procederá a cerrar y suturar la herida y le pasará nuevamente energía para sellar la zona.

Concluir el ejercicio sin olvidar de agradecerle a Dios.

Nódulo en las mamas

Me siento en la obligación de hacer la salvedad que siempre se debe trabajar en base a un diagnóstico médico previo, y que en todos los casos el paciente debe continuar con el tratamiento y la medicación indicados.

El operador debe estar de pié, y la persona receptora acostada frente a él. Relajarse con inspiraciones profundas hasta tener ambos el mismo nivel vibracional respiratorio. Entonces el sanador comenzará la tarea imponiendo sus manos sobre el seno donde se determinó la existencia de un nódulo.

Empieza a trabajar mentalmente realizando una incisión con un *bisturí mental* en una zona previamente marcada. Desarrolla todos los pasos que la imaginación te indica que debes hacer para la cirugía. Extraer el nódulo, limpiar cuidadosamente la zona operada con energía, asegurándose que no han quedado vestigios de la enfermedad.

Después, de un recipiente imaginario, toma energía positiva en pasta y rellena el lugar donde anteriormente estaba el quiste. Luego haz las suturas correspondientes para cerrar la incisión, recubre la zona de energía aséptica, que además es de acción calmante, desinflamante y antibiótica.

Deja sobre la zona una pirámide mental para que su energía dé continuidad a la sanación y protección al receptor.

Satisfecho por haber podido prestar ayuda a un semejante, agradezca a Dios el haberle permitido hacerlo y el excelente resultado final. Abrir lentamente los ojos.

Displacia mamaria

Para esta afección rige la misma salvedad que para el tratamiento del nódulo mamario. Casi siempre, para tratar la displacia o fibrodisplacia mamaria, los médicos recomiendan vitaminas. Nunca debe suspenderse ese tratamiento sino hasta que los exámenes así lo dictaminen. El resultado que se obtenga luego de la tarea del sanador, sin duda que será excelente, pero cuando se trata de la salud, todos los recaudos que se puedan tomar, deben tomarse.

Comenzar: Ubicarse ambos como en el ejercicio anterior.

El operador dará inicio a su tarea de igual manera, esta vez sobre el seno al cual le hayan diagnosticado displasia mamaria.

Con ambas manos, desarmar mentalmente uno o varios ovillos imaginarios cuyas hebras o fibras están enredadas, muy enredadas. Visualice que las hebras se van abriendo y el seno recupera su textura y aspecto normales.

Llegado a este punto, pasar energía a ambas mamas y a la zona de las axilas, visualizando que los tejidos están laxos, blandos, sin nudos ni durezas. Dejar una pirámide energética para que continúe protegiendo la zona, dar gracias a Dios por el resultado de la tarea realizada y abrir los ojos lentamente.

Enfocar la visión

La persona se debe sentar frente a un objeto que esté al alcance de su visión. El operador que hará la tarea se pondrá atrás de ella.

Formar con sus dedos pulgares e índices un círculo, como enmarcando el cristal de un anteojo imaginario. Colocarlo delante del ojo cuya visión deba ser corregida, y mientras el paciente va mirando el objeto que tiene delante de sí, hacer girar el círculo hasta que el paciente manifieste que ha mejorado su visión.

Retirar el lente y pasar energía al ojo. Visualizar un excelente resultado final y agradecer a Dios por la mejoría obtenida.

Cerrar una herida

El primer paso es pasar energía sobre la herida para limpiarla, sobre todo si está infectada, supurante. Luego, mentalmente inyectar un antibiótico, dispersar un bactericida o germicida en polvo, abarcando más allá de la zona afectada.

Inmediatamente pasar energía, una y otra vez, haciendo cruces con el dedo pulgar por encima de la herida, pero sin tocarla. Visualizar que la herida se va cerrando, poco a poco hasta lograrlo completamente.

Realizar este trabajo al menos tres veces.

Curación de una quemadura

Iniciar la práctica en la forma acostumbrada. Luego, hacer la imposición de las manos abarcando toda la zona afectada y visualizar que de ellas surge una sustancia de color blanco plateado que posee efecto antibiótico.

De un pote o recipiente creado mentalmente, extraer una crema de efecto calmante, de color verde, con la que se cubrirá la parte del cuerpo que haya resultado quemada. Todo esto es trabajo mental. No se toca a la persona, pero se realiza con las manos todas las acciones como si efectivamente se estuviera trabajando sobre la parte quemada.

De esta manera, se logrará calmar el dolor de una sola vez y evitar la formación de ampollas.

Luego, visualizar el excelente resultado obtenido y concluir como siempre, agradeciéndole a Dios.

Limpiar de impurezas el cuerpo

El receptor debe acostarse en la camilla. Solicitarle que cierre sus ojos y que tome varias inspiraciones profundas.

Colocar mentalmente una manguerita en el chakra coronario —ubicado en la parte superior de la cabeza— por donde ingresará al cuerpo la energía positiva. Esta energía irá *empujando* a la energía negativa, la que será expulsada por mangueritas colocadas en los pies para caer dentro de un recipiente o balde que hay en el piso, hasta que el cuerpo quede totalmente saturado de energía positiva.

Retirar las mangueritas y colocarlas dentro del mismo balde, el que se reducirá para introducirlo dentro de un globo rojo. Inflarlo, atarlo y lanzarlo al cosmos.

Visualizar al paciente con su organismo totalmente depurado. Agradecer a Dios por los resultados del trabajo realizado y solicitar al receptor que abra los ojos.

Corregir problemas cardíacos

Relajarse, descargarse de las energías negativas, cargarse de positivas y protegerse.

Solicitar al receptor, que está tendido sobre la camilla, preferentemente boca arriba, que se relaje totalmente.

El operador tomará un bisturí mental con el que procederá a *abrir* la zona donde está el corazón.

Visualizar el corazón como si estuviese agrietado. A continuación, de un recipiente que dice "pasta dorada para el corazón", tomar su contenido y, con una espátula mental, cubrir el corazón completamente.

Enviar al corazón energía dorada hasta verlo totalmente dorado y reparado de su dolencia.

Agradecer a Dios por la sanación y al finalizar hacer un chasquido con los dedos.

Tratamiento del nervio ciático

Hacer que el paciente se acueste en la camilla, boca abajo.

Visualizar cuál es el lugar donde se encuentra la afección o la punzada y pasar energía desde ese punto hasta la planta del pie. Repetir esta acción varias veces, al mismo tiempo que se visualiza la formación de un cordón negruzco en su trayecto.

Seguir visualizando desde el punto afectado y hasta los pies, ese cordón grueso de color negro, tomarlo del extremo que llega a este último punto y comenzar a tirar hasta retirarlo completamente del cuerpo del paciente. Finalizar agradeciendo a Dios.

Cómo calmar dolores y detener hemorragias

El operador debe sentarse al lado del paciente, cerrar los ojos y relajarse. Mentalmente colocará su mano de mayor fuerza dentro de un balde, también mental, de color rojo, colmado de trocitos de hielo y de agua helada.

Después de transcurrido algunos minutos con la mano dentro del balde, experimentará como un hormigueo, una vibración o la sensación de que la mano está adormecida, que cada vez se va poniendo más y más fría.

Cuando esa sensación sea total, retirará la mano del balde y la llevará a la zona donde el receptor siente dolor, y sin tocarlo, mantendrá allí la mano por unos minutos. A medida que va realizando esta acción, mentalmente le va repitiendo al paciente varias veces la siguiente frase: "Tienes dolor, cada vez sientes menos dolor y ya no tienes más dolor".

Por último, agradecer a Dios y abrir los ojos lentamente.

En caso de una **hemorragia**, se deberá realizar el mismo procedimiento, pero repitiendo al paciente: "Tienes hemorragia, cada vez sangras menos y ya se detuvo definitivamente la hemorragia". Repetirla varias veces mientras se va visualizando que eso sucede efectivamente.

Operación mental de hemorroides (Autosanación)

Te sientas en un bidé, cierras los ojos y procedes a relajarte con varias inspiraciones profundas.

Cuando lo hayas logrado y estés bien relajado, sin tocarte, coloca tu mano más fuerte dentro del bidet con la palma hacia arriba, y empieza a visualizar cómo desde el chakra menor que hay en esa mano surge una luz de energía azul plateada que va llegando a la zona de tus hemorroides.

A medida que lo vas realizando, vas visualizando que las hemorroides se van disecando hasta que se desprenden de tu cuerpo y caen sin dolor.

Como de costumbre, darás un agradecimiento a Dios y abrirás los ojos.

Este ejercicio mental forma parte de mi experiencia personal. Hace más de doce años debía someterme a una cirugía inevitable. Las molestias y el dolor eran cada vez mayores. Bastó con que realizara este ejercicio unas pocas veces para no volver a tener problemas. Nunca más. Lo recomendé a otras personas y muchas de ellas han tenido el mismo resultado. Es por eso que lo recomiendo sin dudarlo.

Curación psíquica a distancia

Cuando se debe efectuar un tratamiento destinado a mejorar o sanar a una persona que se encuentra física o geográficamente lejos, se procede de la siguiente manera:

Ejercicio

Sentarse cómodamente, cerrar los ojos y relajarse.

Descargar tu energía negativa, tomar energía positiva y protegerse con la burbuja de protección.

Con el poder de tu imaginación creas mentalmente una "habitación especial" en la cual instalará: una camilla, ins-

trumental quirúrgico, todo tipo de aparatos médicos que pudiera necesitar (tensiómetro, jeringas, termómetro, tubo de oxígeno, rayos láser, medicamentos de todo tipo, globos rojos desinflados, y todo otro elemento que consideres necesario.

A esa habitación creada tendrán acceso solamente quienes sean invitados. Entonces se procede a hacer ingresar a la persona que desees ayudar, cuyo nombre completo y la edad debes conocer. En caso de ser una mujer el nombre deberá ser el de soltera.

Imaginar que esa persona, conocida o no, está en la habitación frente a uno.

De acuerdo a la afección o el órgano que haya que atender, seleccionar el tratamiento que convenga, haciendo uso de los elementos que hay en la habitación especial o creando aquellos que sean necesarios en esa circunstancia.

Una vez que consideres concluido el tratamiento específico, proteger a la persona con la burbuja de protección y visualizar que los resultados obtenidos han sido excelentes.

Agradecer a Dios y abrir los ojos lentamente, sintiéndote muy satisfecho por haber ayudado a un semejante y reafirmando el éxito obtenido.

Esta operación debes realizarla tantas veces como sea necesaria hasta obtener los resultados deseados.

Otra forma de curación a distancia

Ejercicio

Sentarse, cerrar los ojos, tomar varias inspiraciones profundas y relajarse totalmente.

Comenzar a "forjar" claramente la imagen de la persona que quieres ayudar durante unos minutos. Una vez logrado esto, transmitirle mensajes positivos, como por ejemplo: "ya estás curado, ya estás curado, ya estás curado" (mínimo tres veces cada frase), imaginando a la persona en un excelente estado de salud.

Luego, hacerle la burbuja de protección.

Para finalizar agradeces a Dios y abres los ojos sintiéndote muy feliz.

Importante

Todos estos procedimientos son eficaces según el temperamento o la idiosincrasia del enfermo, pero todos se apoyan en el mismo principio.

Trabajando intensamente con estas diversas modalidades de curaciones psíquicas se obtendrá cada vez mayor fuerza y facilidad para operar con el poder curativo, hasta el punto que, con frecuencia éste se manifestará espontáneamente. Si el curador efectúa frecuentes curaciones y pone su corazón en la obra, pronto conseguirá hacerlo casi automáticamente e involuntariamente ante la sola presencia del enfermo.

Pero también debe cuidar su salud. Debe poner en práctica los procedimientos indicados para reponer energías y protegerse contra indebidas extracciones de su vitalidad.

Bibliografía

Publicaciones consultadas, citadas o simplemente tenidas en cuenta por el autor y sus colaboradores en la preparación de este libro.

Argente, José A. *Control mental y curaciones psíquicas.* Argentina: Ed. José A. Argente, 1991.

Argente, José A. *El poder curativo de la oración.* Argentina: Ed. José A. Argente, 1996.

Argente, José A. *Sanar a distancia.* España: Edaf, 2003.

Bibb, Benjamin O. y Weed, Joseph J. *Asombrosos secretos de curaciones psíquicas.* México: Diana, 1986.

Bradford, Michael. *La curación espiritual por imposición de manos.* Argentina: Errepar, 1997.

Bibliografía

Brenan, Bárbara Ann. *Manos que curan*. España: Martinez Roca, 1990.

Gerula, Ricardo L. *Radiestesia Integral*. Argentina: Kier, 2001.

Kok Sui, Choa. *Manual práctico de Curación Pránica*. Argentina: Kier, 1997.

Maple, Eric. *El viejo arte de la curación ocultista*. Argentina: Lidiun, 1983.

Stone, Rober B. *La magia del poder psicotrónico*. España: Edaf, 1984.

Trevisán, P. Lauro. *El poder infinito de la oración*. Argentina: Cristal, 1994.

Otras fuentes consultadas

Silva Mind Control mental. Inc. *Fórmulas Técnicas de Control Mental*. Serie de conferencias básicas, Instituto de psicorientología Inc. Texas, 1979.

Pinar Merino, María. *La curación por la fe*, artículo publicado en *Más allá de la ciencia*, vol. 14 y 52. España, 1995.

Baigorria, Osvaldo. *La autocuración*, artículo publicado por *Más allá de la ciencia*, vol. 52. España, 1993.

Revista *Predicciones*, vol. 52. Chile: 1994.

LLEWELLYN ESPAÑOL

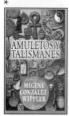

Correspondencia al autor

Para contactar o escribir al autor, o si desea más información sobre esta publicación, envíe su correspondencia a Llewellyn Español para ser remitida al mismo. La casa editora y el autor agradecen su interés y comentarios en la lectura de este libro y sus beneficios obtenidos. Llewellyn Español no garantiza que todas las cartas enviadas serán contestadas, pero si le aseguramos que serán remitidas al autor.

Por favor escribir a:

José Argente
Llewellyn Español
2143 Wooddale Drive, Dept. 0-7387-0884-4
Woodbury, MN 55125, U.S.A.

Incluya un sobre estampillado con su dirección y $US 1.00 para cubrir costos de correo. Fuera de los Estados Unidos incluya el cupón de correo internacional.

¿Qué le gustaría leer?

Llewellyn Español desea saber qué clase de lecturas está buscando y le es difícil encontrar. ¿Qué le gustaría leer? ¿Qué temas de la Nueva Era deberían tratarse? Si tiene ideas, comentarios o sugerencias, puede escribir a la siguiente dirección:

EvaP@llewellyn.com
Llewellyn Español
Attn: Eva Palma, Editora de Adquisiciones
2143 Wooddale Drive
Woodbury, MN 55125-2989 U.S.A.
1-800-THE MOON
(1-800-843-6666)